Die Praxis der Vertretungsverträge

Von

Dr. Friedrich Beermann

in München

1929

München, Berlin, Leipzig

J. Schweitzer Verlag (Arthur Sellier)

Druck von Dr. F. P. Datterer & Cie., Freising-München

Vorwort.

Die „Praxis der Vertretungsverträge", auf wiederholte Anregung aus Kreisen der mittleren Industrie in Bearbeitung genommen, ist zu einem Teil Niederschlag der Erfahrungen, die der Verfasser als Leiter der Rechtsabteilung eines größeren Industrieunternehmens mit verzweigter Inlands- und Auslandsorganisation sammeln konnte.

Daß es grundsätzlich empfehlenswert ist, die unter Benutzung der Schrift entworfenen Verträge durch den Anwalt auf ihre Brauchbarkeit für den stets besonders liegenden konkreten Fall zu untersuchen, bedarf keiner Begründung.

München, im Januar 1929.

Der Verfasser.

Inhaltsverzeichnis.

Einführung.

Die Vertriebsorganisation der industriellen Unternehmungen beruht mit sehr wenigen Ausnahmen, in denen der Absatz bis zum letzten Verbraucher durch eigene „angestellte" Organe erfolgt, auf der Heranziehung „werksfremder" selbständiger Händler. Die sich ergebenden Beziehungen werden regelmäßig durch besondere Verträge, in der kaufmännischen Praxis gemeinhin Vertretungsverträge genannt, geordnet.

Dies Buch bringt nach einer kurzen Erörterung der verschiedenen Vertretungsformen entsprechende Beispiele von Vertretungsverträgen, mit dem Ziel, dem industriellen Unternehmer die möglichen *Interessenkonflikte* und *die Wege zu ihrer Vermeidung* vor Augen zu führen. Zu diesem Zwecke sind die einzelnen Vertragsklauseln unter absichtlicher Berücksichtigung auch entlegener Gesichtspunkte so ausgestaltet und gefaßt, daß der Leser zwanglos veranlaßt wird, den jeweils zu regelnden Fragenkomplex nach allen Richtungen durchzudenken.

Die Vertragsbeispiele sind demnach keine „Musterverträge" für den „Normalfall". Den Beispielen entnommene Klauseln, die etwa bei Vergebung der Vertretung einer gut eingeführten Werkzeugmaschine als selbstverständlich hingenommen werden, könnten bei anderer Gelegenheit einige Verwunderung auslösen.

Das Kommissionsgeschäft gemäß § 383 HGB., d. h. der Verkauf von Waren (oder Wertpapieren) in eigenem Namen für Rechnung eines andern wurde von der Behandlung ausgeschlossen. Es hat für das Vertriebsgeschäft der Industrie niemals eine ins Gewicht fallende Rolle erlangt und ist praktisch aus ihm verschwunden. Was sich in diesem Geschäft heute noch Kommissionär oder „Kommissionsagent" nennt, gehört in Wirklichkeit mit nicht beachtenswerten Ausnahmen zur Kategorie der Agenten im Sinne der §§ 84—92 HGB.

Für die Behandlung kam ebenfalls nicht in Betracht der im Angestelltenverhältnis tätige Provisionsreisende. Der mit diesem geschlossene Dienstvertrag ist kein Vertretungsvertrag in dem eingangs umrissenen Sinne. Immerhin sei der Unternehmer, der sich für derartige Verträge interessiert, auf den im Abschnitt II entwickelten Agenturvertrag hingewiesen.

Mögliche Vertretungsformen.

Der Vertrieb durch den Vertreter kann auf folgender rechtlicher Grundlage vor sich gehen:

Der Vertreter kauft vom Fabrikanten und verkauft weiter an einen dritten Händler oder unmittelbar an den Verbraucher

oder

der Vertreter vermittelt den Abschluß von Verkäufen zwischen dem Fabrikanten und einem dritten Händler oder dem Verbraucher (schließt Verkäufe für Rechnung und im Namen des Fabrikanten ab). Im ersten Falle tritt der Vertreter als Eigenhändler (Selbstkäufer) auf, im zweiten als Agent im Sinne der §§ 84 ff. HGB. mit oder ohne Abschlußvollmacht.

Wie wir später sehen werden, kann der Vertretungsvertrag beide Möglichkeiten bei demselben Vertreter berücksichtigen, d. h. bestimmte Vereinbarungen für den Fall enthalten, daß der Vertreter als Eigenhändler auftritt und andre für den Fall, daß er als Agent handelt.

Werden dem Vertreter Konsignationslager (Kommissionslager) gestellt, so sind die sich daraus ergebenden Fragen zweckmäßigerweise in gesonderten Verträgen zu behandeln, die einen Bestandteil des mit dem Vertreter geschlossenen „Haupt"-Vertretungsvertrages bilden.

Es ergeben sich danach folgende, kurz zu charakterisierende Möglichkeiten für die Regelung des Vertretungsverhältnisses:

A. Ohne Stellung eines Konsignationslagers.

1. Der Fabrikant verkauft an den Vertreter = Eigenhändler.

Dieser verkauft weiter an Dritte (Händler oder Verbraucher).

Die Ware wird dem Vertreter fakturiert.

2. a) Der Vertreter vermittelt (als Agent) den Abschluß von Verkäufen an Dritte (Händler oder Verbraucher).
Die Ware wird dem Dritten fakturiert.

b) Der Vertreter schließt als Agent mit Abschlußvollmacht für Rechnung und im Namen des Fabrikanten Verkäufe mit Dritten (Händlern oder Verbrauchern) ab.
Die Ware wird dem Dritten fakturiert.

B. Mit Stellung eines Konsignationslagers.

Bei der vertraglichen Regelung ist scharf zu unterscheiden zwischen Verkäufen, die *nicht auf dem Konsignationslager befindliche* Waren zum Gegenstand haben, und Verkäufen, die *Konsignationslagerware* zum Gegenstand haben. Im letzteren Falle spricht die Praxis von „*Verkäufen ab Konsignationslager*", während sie im ersten Falle von „*Verkäufen ab Fabrik*", „ab Werk" selbst dann zu sprechen pflegt, wenn die Lieferung von einem auswärtigen Verkaufsbüro oder einem beliebigen Lager erfolgt, das dem „Zugriff" des Vertreters entzogen ist.

Die verschieden mögliche Regelung der „Verkäufe ab Fabrik" ergibt sich zwanglos nach den unter A. aufgeführten Gesichtspunkten.

Die gleichen Möglichkeiten sind auch für die „Verkäufe ab Konsignationslager" gegeben, nämlich folgende:

1. Der Vertreter entnimmt vom Konsignationslager Ware, d. h. verkauft sie im Namen des Fabrikanten an sich selber als Eigenhändler und verkauft sie weiter an Dritte.
Die Ware wird dem Vertreter fakturiert.

2. a) Der Vertreter verkauft als Agent mit Abschlußvollmacht Konsignationslagerware an Dritte für Rechnung und im Namen des Fabrikanten.

Die Ware wird dem Dritten fakturiert.

b) Der Vertreter vermittelt als Agent ohne Abschlußvollmacht den Verkauf von Konsignationslagerware an Dritte. (In diesem Falle setzt also die Verfügung über Lagerware die Einwilligung des Fabrikanten voraus.)

Die Ware wird dem Dritten fakturiert.

Die sich anschließenden „Vertragsbeispiele" ziehen die Folgerungen aus den eben skizzierten Gesichtspunkten.

Vertragsbeispiele.

I.

Alleinverkaufs-Vertrag.

Der Vertreter kauft auf eigene Rechnung vom Fabrikanten und verkauft weiter an Dritte (Händler oder Verbraucher.)

Zwischen dem Fabrikbesitzer Wilhelm Schlüter zu Düsseldorf, Bankstraße 5 — nachstehend kurz Fabrikant genannt — und dem Kaufmann Walter Müller zu München, Weinstraße 8 — nachstehend kurz Vertreter genannt — wird folgender

Vertretungsvertrag (Alleinverkaufs-Vertrag) geschlossen.

§ 1.

Der Vertreter erhält und übernimmt den Alleinverkauf der vom Fabrikanten hergestellten Baldin-Bohrmaschinen nebst den vom Fabrikanten hergestellten Zubehör- und Ersatzteilen für folgendes Vertretungsgebiet:

Bayern südlich der Donau, dazu Ingolstadt, Donauwörth und Deggendorf.

Während der Vertragszeit darf der Fabrikant das Vertretungsgebiet nicht unmittelbar bearbeiten, insbesondere nicht unmittelbar Angebote an einzelne Kunden richten. Das Recht zur allgemeinen Reklame wird dadurch nicht berührt. Ebenso wird dadurch nicht berührt das Recht auf direkte Abschlüsse des Fabrikanten nach Maßgabe des § 8 dieses Vertrages.

Anm. 1.

Läßt sich das Vertretungsgebiet nicht mit wenigen Worten in einer jeden Zweifel ausschließenden Weise bestimmen, so verzichte man auf lange Beschreibungen und füge dem Vertrage einfach eine Kartenskizze bei.

Anm. 2.

Die Bezeichnung und Abgrenzung der unter den Vertretungsvertrag fallenden Fabrikate verdient häufig sehr genaue Überlegung, u. a. dann, wenn der Fabrikant mit der Herausbringung neuartiger Typen zu rechnen hat, deren Charakter vielleicht den Vertrieb durch einen Spezialisten unabhängig vom Vertreter wünschenswert erscheinen läßt.

Anm. 3.

Kann der Selbstkäufer-Vertreter vom Fabrikanten verlangen, ihm Auskunft über solche Geschäfte zu geben, die unter Verletzung der obigen Abmachungen getätigt worden sind?

Diese Frage wurde bisher von Rechtsprechung wie Rechtswissenschaft überwiegend verneint. Man wird sie aber in Zukunft bejahen müssen. (Vgl. Urteil des Reichsgerichts vom 15. Mai 1928 II 191/28, Warneyer Heft 8/9, Seite 275 ff.) Diese Entwicklung muß vorbehaltlos begrüßt werden.

Besteht Grund zu der Annahme, daß die Auskunfterteilung nicht mit der erforderlichen Sorgfalt erfolgt ist, so kann die Leistung des Offenbarungseides nach § 260 BGB. gefordert werden.

Wie wir später sehen werden, kommt die Auskunftspflicht auch dem Fabrikanten zugute.

§ 2.

Der Vertreter verpflichtet sich, nur Kunden, die im Vertretungsgebiet ihre Niederlassung haben, zu bearbeiten und zu beliefern, gleichviel, ob die vom Fabrikanten auf Grund dieses Vertrages gekauften Fabrikate vom Vertreter während der Dauer des Vertretungsverhältnisses oder nach seiner Beendigung vertrieben werden. Diese Verpflichtung wird vom Vertreter auch zu Gunsten dritter Vertreter und sonstiger Abnehmer des Fabrikanten übernommen, mit der Maßgabe, daß diese gegebenenfalls ihre Unterlassungs- und Schadenersatzansprüche selbständig und unmittelbar gegen den Vertreter geltend machen können.

Der Vertreter hat die laut Abs. 1 übernommene Verpflichtung an seine Untervertreter und Wiederverkäufer entsprechend weiter zu geben unter Benutzung eines von diesen zu unterzeichnenden Verpflichtungsscheines. Untervertreter und Wiederverkäufer, die den Verpflichtungsschein nicht unterzeichnen, dürfen vom Vertreter nicht beliefert werden.

Bei jedem Verstoß gegen vorstehend übernommene Verpflichtungen wird zugunsten des Fabrikanten eine sofort fällige Vertragsstrafe von zweihundert Reichsmark verwirkt und zwar für jeden einzelnen Fall der Zuwiderhandlung, unbeschadet der Haftung des Vertreters für den entstandenen Schaden gegenüber dem Fabrikanten und dem geschädigten dritten Vertreter oder Wiederverkäufer. Dieselbe Bestimmung ist zugunsten des Fabrikanten in die im Abs. 2 erwähnten Verpflichtungsscheine aufzunehmen mit der Maßgabe, daß der Fabrikant die Vertragsstrafe unmittelbar einfordern darf.

Der Fabrikant behält sich vor, den Text der Verpflichtungsscheine vorzuschreiben.

Anm.

Vertragsbestimmungen entsprechend § 2 werden u. a. in vollem Umfange notwendig sein, wenn der Fabrikant in Lizenzverträgen usw. die Nichtbelieferung bestimmter Gebiete oder Abnehmerkreise garantiert hat. In der Mehrzahl der Fälle werden Vertragsbestimmungen entsprechend § 2 Absatz 1 genügen.

§ 3.

Der Fabrikant verpflichtet sich, das Alleinverkaufsrecht des Vertreters dadurch zu sichern, daß er die Verpflichtungen des Vertreters nach § 2 allen dritten in Frage kommenden Vertretern und Abnehmern auferlegt. Bearbeiten oder beliefern diese vertragswidrig das Vertretungsgebiet, so braucht der Fabrikant nicht einzugreifen, vielmehr bleibt es dem Vertreter überlassen, selbständig und unmittelbar gegen die Verletzungen vorzugehen.

Anm.

Die Einräumung des Alleinverkaufrechtes wird unter normalen Verhältnissen die Garantieübernahme des Fabrikanten in der Richtung bedeuten, daß andere Vertriebsorgane des Fabrikanten das Vertretungsgebiet nicht bearbeiten oder beliefern. Die Wirkung des § 3 besteht darin, daß die Haftung des Fabrikanten durch die des dritten Vertreters abgelöst wird.

§ 4.

Der Vertreter bezieht alle im § 1 dieses Vertrages genannten Fabrikate auf eigene Rechnung käuflich vom Fabrikanten und zwar ein für allemal zu den jeweils üblichen Lieferungs-(Verkaufs-)Bedingungen des Fabrikanten. Die derzeit geltenden Bedingungen sind dem Vertrage als Anlage*) beigefügt.

Die derzeit gültigen Endpreise (Bruttopreise, Ladenpreise) mit den für den Vertreter gültigen Rabatten sind dem Vertrage in einer besonderen Aufstellung ebenfalls als Anlage*) beigefügt.

Die Endpreise und Rabatte können jederzeit vom Fabrikanten geändert werden, unbeschadet des Rechtes zur fristlosen Kündigung des Vertretungsvertrages durch den Vertreter, wenn ihm infolge der Änderung die Fortsetzung des Vertretungsverhältnisses nicht zuzumuten ist.

Anm. 1.

Wenn hinsichtlich der Zahlungsbedingungen keine besonderen Vertragsabmachungen getroffen werden, so sind die in den Lieferungsbedingungen niedergelegten maßgebend.

Die Anerkennung der „jeweils üblichen" Lieferungsbedingungen des Fabrikanten gibt diesem nicht das Recht, die Bedingungen willkürlich unter Verletzung wichtiger Interessen des Vertreters zu ändern, z. B. eine Garantiefrist von einem Jahr plötzlich auf drei Monate herabzusetzen. Unstatthaft sind auch willkürliche Preis- und Rabattänderungen.

Anm. 2.

Abmachungen entsprechend § 4 können gemäß § 138 BGB., also wegen Verstoßes gegen die guten Sitten nichtig sein, wenn sie sich nach der Art des Zustandekommens der Abmachungen oder nach dem Inhalt der vom Vertreter anerkannten Bedingungen als „Knebelverträge" darstellen. Ist anzunehmen, daß der Vertretungsvertrag nicht ohne die nichtige Klausel geschlossen sein würde, so ist der ganze Vertrag nichtig (§ 139 BGB.).

---

*) In der Anlage nicht vorhanden, da nur im konkreten Falle von Interesse.

Unter Umständen wird der Vertreter durch den nachstehend abgedruckten § 10 der Verordnung gegen Mißbrauch wirtschaftlicher Machtstellungen vom 2. November 1923 (Kartellverordnung) geschützt.

„Sind Geschäftsbedingungen oder Arten der Preisfestsetzung von Unternehmungen oder von Zusammenschlüssen solcher (Trusts, Interessengemeinschaften, Syndikaten, Kartellen, Konventionen und ähnlichen Verbindungen) geeignet, unter Ausnutzung einer wirtschaftlichen Machtstellung die Gesamtwirtschaft oder das Gemeinwohl zu gefährden (§ 4 Abs. 2), so kann das Kartellgericht auf Antrag des Reichswirtschaftsministers allgemein aussprechen, daß die benachteiligten Vertragsteile von allen Verträgen, die unter den beanstandeten Voraussetzungen abgeschlossen sind, zurücktreten können. Ist anzunehmen, daß der Vertrag auch ohne die beanstandete Voraussetzung abgeschlossen worden wäre, so berechtigt die Entscheidung des Kartellgerichts nur zum Rücktritt von der beanstandeten Geschäftsbedingung oder von der auf Grund der beanstandeten Art der Preisfestsetzung getroffenen Vereinbarung.

Bei Verträgen, die die Verpflichtung zu mehreren selbständigen Teilleistungen enthalten (Sukzessivlieferungsverträgen), wird der Rücktritt insoweit ausgeschlossen, als die Teilleistungen von beiden Vertragsteilen vollständig erfüllt sind.

Die Entscheidung des Kartellgerichts ist nach seiner näheren Anordnung öffentlich bekanntzumachen.

Das Rücktrittsrecht erlischt, wenn nicht der Rücktritt binnen zwei Wochen seit Bekanntmachung der Entscheidung erklärt wird.

Verträge, die nach Bekanntmachung der Entscheidung unter den beanstandeten Voraussetzungen abgeschlossen werden, sind insoweit nichtig. § 139 des Bürgerlichen Gesetzbuches findet entsprechende Anwendung. Streitigkeiten darüber, ob und inwieweit der Rücktritt nach Abs. 1 und 2 zulässig war, oder ob Verträge ganz oder zum Teil gemäß Abs. 5 nichtig sind, entscheiden die ordentlichen Gerichte.

Auf Antrag des Reichswirtschaftsministers oder von Amts wegen kann das Kartellgericht eine Entscheidung nach Abs. 1 aufheben oder abändern, wenn die Voraussetzungen nachträglich weggefallen sind. Die Entscheidung ist öffentlich bekanntzumachen und wirkt vom Zeitpunkt der Bekanntmachung.“

§ 4 der Kartellverordnung lautet:

„Gefährdet ein Vertrag oder Beschluß der im § 1 bezeichneten Art oder eine bestimmte Art seiner Durchführung die Gesamtwirtschaft oder das Gemeinwohl, so kann der Reichswirtschaftsminister

1. beim Kartellgericht beantragen, daß der Vertrag oder Beschluß für nichtig erklärt oder die bestimmte Art seiner Durchführung untersagt wird (§ 7);
2. anordnen, daß jeder an dem Vertrage oder Beschlusse Beteiligte jederzeit fristlos den Vertrag kündigen oder von dem Beschlusse zurücktreten kann;
3. anordnen, daß ihm Abschrift aller zur Durchführung des Vertrages oder Beschlusses getroffenen Vereinbarungen und Verfügungen einzureichen ist und daß diese Maßnahmen erst nach Zugang der Abschrift in Kraft treten.

Die Gesamtwirtschaft oder das Gemeinwohl ist insbesondere dann als gefährdet anzusehen, wenn in volkswirtschaftlich nicht gerechtfertigter Weise die Erzeugung oder der Absatz eingeschränkt, die Preise gesteigert oder hochgehalten oder im Falle wertbeständiger Preisstellung Zuschläge für Wagnisse (Risiken) eingerechnet werden, oder wenn die wirtschaftliche Freiheit durch Sperren im Einkauf oder Verkauf oder durch Festsetzung unterschiedlicher Preise oder Bedingungen unbillig beeinträchtigt wird."

Unter Geschäftsbedingungen im Sinne des § 10 der Kartellordnung sind solche Bedingungen zu verstehen, die ein für allemal für eine größere Zahl von Geschäften gelten sollen.

Die Preis**höhe** kann mittels § 10 der Kartellordnung nicht beanstandet werden, sondern nur die **Art** der Preisfestsetzung. (Geht aber die Preishöhe auf Beschlüsse eines **Kartells** zurück, so kann nach § 4 der Kartellverordnung der Reichswirtschaftsminister eingreifen.)

§ 5.

Der Fabrikant kann die Annahme von Bestellungen aus wichtigen Gründen ablehnen, z. B. wegen Streiks, Brandschadens, Überlastung des Betriebes, Rohstoffmangels, Betriebsumstellungen, Kreditüberschreitung des Vertreters, ohne dem Vertreter zum Schadenersatz verpflichtet zu sein. Ein Schadenersatz kann auch nicht mit der Begründung gefordert werden, daß der Fabrikant die einen wichtigen Grund abgebenden Umstände schuldhaft herbeigeführt habe.

Ist dem Vertreter infolge der Nichtannahme von Bestellungen die Fortsetzung des Vertrages nicht mehr zuzumuten, so kann er den Vertretungsvertrag ohne Einhaltung einer Kündigungsfrist kündigen, dagegen nicht vom Vertrage zurücktreten.

Auch in diesem Falle steht dem Vertreter ein Schadenersatzanspruch nicht zu. Abs. 1 Satz 2 findet entsprechend Anwendung.

Im Falle der fristlosen Kündigung gemäß Abs. 2 bleiben die Parteien an bereits abgeschlossene Geschäfte nach Maßgabe dieses Vertrages, insbesondere nach Maßgabe der den Geschäften zugrunde liegenden Lieferungsbedingungen gebunden.

Anm. 1.

Ist die Nichtannahme einer Bestellung vom Vertreter verschuldet oder von ihm objektiv zu vertreten, z. B. wegen mangelnder Kreditfähigkeit bei größeren Aufträgen, so kann der Vertrag vom Vertreter nicht fristlos gekündigt werden. Andererseits wird bei Vorliegen derartiger Umstände häufig dem Fabrikanten das Recht zustehen, den Vertrag fristlos zu lösen, z. B. wenn sich bei steigendem Absatz im Vertretungsgebiet zeigen sollte, daß die finanzielle Kraft des Vertreters nicht ausreicht, um die Absatzmöglichkeiten auszuwerten.

Anm. 2.

Bei fristloser Kündigung des Vertretungsverhältnisses gemäß Absatz 2 bleiben die Parteien, wie dort vereinbart, an bereits abgeschlossene, noch nicht erfüllte Geschäfte gebunden. Dabei ist die Frage offen gelassen, ob sie bei Anwendung der Klausel auch an solche Geschäfte gebunden bleiben, deren Erfüllung faktisch eine Fortsetzung des Vertretungsverhältnisses auf längere Zeit bedeuten würde. Man denke z. B. an Abrufgeschäfte, deren Abwicklung vielleicht auf ein Jahr berechnet wurde. Die Frage wird zu verneinen sein. Inwieweit die Parteien an bei Auflösung des Vertretungsverhältnisses laufende selbständige Teilgeschäfte gebunden bleiben, wird nur nach den Umständen des Einzelfalles zu beurteilen sein. Wenn irgendwo, so ist hier eine schiedsgerichtliche Erledigung am Platze!

Anm. 3.

Während das Recht des Agenturvertrages kein Rücktrittsrecht neben dem Recht zur fristlosen Kündigung des Verhältnisses kennt, wird man das Rücktrittsrecht dem auf eigene Rechnung arbeitenden Vertreter nicht versagen können. Das kann zu unerwünschten Komplikationen führen, da bei Rücktritt vom Vertrage sich die Parteien das wiedergeben müssen, was sie auf Grund des Vertrages bekommen haben, während bei fristloser Kündigung die Vergangenheit unberührt bleibt. Infolgedessen sollte das Rücktrittsrecht für beide Parteien generell ausgeschlossen werden.

§ 6.

Der Weitervertrieb durch den Vertreter erfolgt zu folgenden Endpreisen (Ladenpreisen, Bruttoverkaufspreisen):

. . . .

. . . .

. . . .

Verkäufe zu anderen Preisen als den vorgeschriebenen sind nicht statthaft, gleichviel, ob die vom Fabrikanten auf Grund dieses Vertrages gekauften Fabrikate vom Vertreter während der Dauer des Vertretungsverhältnisses oder nach seiner Beendigung verkauft werden.

Jedem Wiederverkäufer oder Untervertreter des Vertreters ist vom Vertreter ein Verpflichtungsschein (Revers) vorzulegen, durch dessen Unterzeichnung dieser die vorstehenden Bestimmungen auch für sich als verbindlich anerkennt.

Der Fabrikant behält sich vor, den Text des Verpflichtungsscheines vorzuschreiben.

Untervertreter und Wiederverkäufer, die diesen Verpflichtungsschein nicht unterzeichnen, dürfen vom Vertreter nicht beliefert werden. Bei jedem Verstoß gegen vorstehend übernommene Verpflichtungen wird eine sofort fällige Vertragsstrafe von dreihundert Reichsmark verwirkt und zwar für jeden einzelnen Fall der Zuwiderhandlung, unbeschadet der Haftung des Vertreters für den entstandenen Schaden. Dieselbe Bestimmung ist zugunsten des Fabrikanten in die Verpflichtungsscheine der Untervertreter und Wiederverkäufer aufzunehmen, mit der Maßgabe, daß der Fabrikant die Vertragsstrafe unmittelbar für sich einfordern kann.

Anm.

Die Schaffung eines umfassenden, lückenlosen Reverssystems zur Erhaltung eines einheitlichen Preisniveaus ist für den Vertrieb von Markenartikeln von außerordentlicher Wichtigkeit, da sie die Möglichkeit gewährt, Preisunterbietungen irgendeines Außenseiters gerichtlich zu unterbinden. (Unlauterer Wettbewerb durch Ausnützung fremden Vertragsbruches!). Hat der Außenseiter die Markenfabrikate aus einer

Konkursmasse oder dergleichen erworben, so kann ihm der Verkauf zu niedrigeren Preisen als den „Vertragspreisen" nicht verwehrt werden.

Neben den Preisen können durch das Reverssystem auch andere Verkaufsbedingungen z. B. Garantieklauseln oder Rabattsätze einheitlich für das ganze Absatzgebiet durchgesetzt werden.

Hinsichtlich der Auskunftspflicht des Vertreters vgl. Anm. 3 zu § 1 dieses Vertrages; wegen des Rechtes der Preisänderung § 4 dieses Vertrages.

§ 7.

Alle von Kunden des Vertretungsgebiets einlaufenden Anfragen werden dem Vertreter unverzüglich bekanntgegeben.

Anm.

Hinsichtlich der Auskunftspflicht des Fabrikanten vgl. Anm. 3 zu § 1 dieses Vertrages.

§ 8.

Auf Messen und Ausstellungen kann der Fabrikant mit beliebigen Kunden des Vertretungsgebietes, jedoch nicht mit Händlern und Wiederverkäufern, direkte Geschäfte abschließen. Für jedes derartige Geschäft steht dem Vertreter eine Entschädigungsprovision von . . . . % auf den Nettofakturenbetrag zu.

Nettofakturenbetrag ist der Fakturenbetrag abzüglich Verpackung, Fracht, Skonti usw.

Die Provision ist zu zahlen nach Maßgabe der eingehenden Beträge und fällig vier Wochen nach Eingang des vollen Fakturenbetrages.

Soweit Meß- und Ausstellungsmuster verkauft werden, kann der Fabrikant die üblichen Nachlässe auf die sonst gültigen Preise gewähren.

Der Vertreter erhält unverzüglich Kopie aller Auftragsbestätigungen (Abschlußbriefe), Fakturen, Belastungen und Gutschriften. Weitere besondere Aufstellungen kann er nicht verlangen.

Anm. 1.

Hinsichtlich der Auskunftspflicht des Fabrikanten vgl. Anm. 3 zu § 1 dieses Vertrages.

Anm. 2.

Nicht selten begegnet man der allgemeinen Klausel, daß der Fabrikant in „besonders gelagerten Fällen" die Geschäfte direkt machen kann. Zusätze etwa des Inhalts, daß der Fabrikant „sich vorbehalte", den Vertreter gegebenenfalls zu entschädigen, sind unbedingt abzulehnen.

§ 9.

Der Vertreter darf den Absatz von gleichartigen Fabrikaten anderer Herkunft weder unmittelbar noch mittelbar unterstützen.

Anm.

Nötigenfalls ist der Begriff „gleichartige Fabrikate" näher zu umschreiben.

Nach § 9 steht es dem Vertreter regelmäßig frei, in nicht gleichartigen Artikeln die Vertretung von Konkurrenten des Fabrikanten zu übernehmen. Will der Fabrikant auch diese Möglichkeit ausschließen, so müssen dahingehende ausdrückliche Abmachungen getroffen werden.

Wegen der Auskunftspflicht des Vertreters vgl. Anm. 3 zu § 1 dieses Vertrages.

Es können auch Konkurrenzbeschränkungen für die Zeit nach Ablauf des Vertrages getroffen werden. Vgl. § 5 des nachfolgenden Agenturvertrages.

§ 10.

Lieferungen des Fabrikanten an im Vertretungsgebiet belegene Niederlassungen, Betriebsstellen usw. einer außerhalb des Vertretungsgebietes domizilierenden Unternehmung fallen nicht unter diesen Vertrag, wenn der rechtsverbindliche Abschluß über die zu liefernden Fabrikate mit der auswärts domizilierenden Unternehmung oder einer ebenfalls auswärts domizilierenden Niederlassung usw. der Unternehmung getätigt wird.

Die vorstehenden Bestimmungen sind sinngemäß auf Geschäfte mit öffentlichen Körperschaften und Betrieben anzuwenden.

Anm.

Hinsichtlich der Auskunftspflicht des Fabrikanten vgl. Anm. 3 zu § 1 dieses Vertrages.

Im übrigen vergleiche § 13 des auf diesen Vertrag folgenden Agenturvertrages.

§ 11.

Der Fabrikant stellt dem Vertreter die erforderlichen Muster, Preislisten, normalen Drucksachen u. dgl. kostenlos frei Haus des Vertreters zur Verfügung.

Sie sind nach Erlöschen des Vertrages sofort ohne besondere Aufforderung frei Haus des Fabrikanten zurückzusenden.

Anm.

Die dem Vertreter überlassenen Muster repräsentieren nicht selten erhebliche Werte. In solchen Fällen sind besondere Abmachungen über Lagerung, Übernahme von Transportspesen, Versandrisiko usw. am Platze, unter Umständen auch genauere Abmachungen darüber, wie viel Muster usw. als erforderlich anzusehen sind.

Vgl. dazu die analogen Bestimmungen des später folgenden Konsignationslagervertrages.

§ 12.

Für alle dem Vertreter aus dem Betrieb der Vertretung entstehenden gewöhnlichen und außergewöhnlichen Unkosten kommt der Vertreter selbst auf, also für alle Reisespesen, Porti usw.

Nur soweit außergewöhnliche Unkosten unmittelbar durch Befolgung ausdrücklicher besonderer Weisungen des Fabrikanten entstanden sind, fallen sie dem Fabrikanten zur Last.

§ 13.

Der Vertreter verpflichtet sich für die Dauer des Vertretungsverhältnisses zur Einhaltung der in der Anlage*) abschriftlich beigefügten Verbandsbestimmungen. Unwesentliche Änderungen dieser Bestimmungen bleiben vorbehalten. Nichteinhaltung von Verbandsbestimmungen berechtigt den Fabrikanten zur fristlosen Kündigung des Vertretungsvertrages, unbeschadet etwaiger Schadenersatzansprüche.

Anm.

Gegebenenfalls ist klarzustellen, inwieweit der Vertreter verpflichtet ist, Verbandsbestimmungen auch nach Beendigung des Vertretungsverhältnisses beim Vertrieb der auf Grund des Vertretungsvertrages gekauften Fabrikate zu beachten.

---

*) In der Anlage nicht vorhanden, da nur im konkreten Fall von Interesse.

Eine vom Vertreter übernommene Verpflichtung, sich auch künftigen Verbandsbestimmungen ohne Rücksicht auf deren Inhalt zu unterwerfen, ist regelmäßig als nichtige Knebelbestimmung zu betrachten.

Das u. a. im § 6 dieses Vertrages gekennzeichnete Reverssystem kann auf die Verbandsbestimmungen ausgedehnt werden.

Hinsichtlich der Anwendungsmöglichkeit gewisser Bestimmungen der Kartellverordnung auf die obigen Klauseln vgl. Anm. 2 zu § 4 dieses Vertrages.

Wegen des Beitritts zu Verbänden nach Abschluß des Vertretungsvertrages und seiner Auswirkungen vgl. § 16 dieses Vertrages.

§ 14.

Der Vertreter verzichtet allgemein gegenüber Ansprüchen des Fabrikanten aus dem Vertretungsverhältnis auf das Zurückbehaltungsrecht nach § 273 BGB. und § 369 HGB., das Aufrechnungsrecht nach § 387 BGB., sowie auf die Einrede des nicht erfüllten Vertrages."

Anm.

Das Zurückbehaltungsrecht gemäß § 370 HGB. bleibt unberührt.

§ 15.

Dieser Vertretungsvertrag tritt in Kraft am 1. Oktober 1928 und ist beiderseits unter Einhaltung einer dreimonatigen Kündigungsfrist jeweils zum 30. September eines Jahres kündbar.

Erstmalig kann also der Vertrag zum 30. September 1929 gekündigt werden und zwar spätestens am 30. Juni 1929.

Das Rücktrittsrecht ist für beide Parteien ausgeschlossen.

Im Falle der fristlosen Kündigung des Vertrages, gleichviel aus welchem Grunde und von wem gekündigt wird, oder im Falle anderweitiger vorzeitiger Auflösung des Vertrages bleiben die Parteien an bereits abgeschlossene Geschäfte gebunden.

Anm. 1.

Auf Kündigung und Auflösung der Alleinverkaufsverträge sind grundsätzlich die Regeln des Agenturvertrages anzuwenden, so daß u. a. bei Vorliegen eines wichtigen Grundes ohne Einhaltung einer Kündigungsfrist gekündigt werden kann (§ 92 Abs. 2 HGB.). Wegen Einzelheiten vgl. deshalb die Anm. zu § 18 des nachfolgenden Agenturvertrages. Es ist beiläufig hervorzuheben, daß Differenzen rein persönlichen Charakters beim Alleinverkaufsvertrage weniger schwer ins Gewicht fallen als beim Agenturvertrage, der ein Vertragsverhältnis ausgesprochen persönlicher Färbung darstellt.

Anm. 2.

Hinsichtlich des Ausschlusses des Rücktrittsrechtes vgl. Anm. 3 zu § 5; hinsichtlich der Abwicklung laufender Geschäfte bei fristloser Kündigung vgl. Anm. 2 zu § 5 dieses Vertrages.

Anm. 3.

Es muß daran erinnert werden, daß Kündigungen mit Zugang der Erklärung wirksam werden. Im obigen Falle müßte also die Erklärung spätestens am 30. Juni zugegangen sein.

Anm. 4.

Die Bemessung der Kündigungsfristen ist Sache rein geschäftlicher Erwägungen. Gegen lange Kündigungsfristen spricht der Umstand, daß das Interesse des Vertreters an der Vertretung nach erfolgter Kündigung aus naheliegenden Gründen meistens sehr stark zurückgeht. Infolgedessen sollte sich der Fabrikant bei längeren Kündigungsfristen das Recht ausbedingen, das Vertretungsgebiet in dem Zeitraum zwischen Kündigung und Vertragsablauf direkt bearbeiten zu dürfen, wenn auch nicht durch einen anderen Vertreter, ohne für die direkten Geschäfte entschädigungspflichtig zu sein.

§ 16.

Als wichtige, den Fabrikanten zur fristlosen Kündigung des Vertretungsverhältnisses berechtigende Gründe gelten

die Vereinigung des Fabrikanten mit einem anderen Unternehmen zu einer Interessengemeinschaft usw., sowie der

Beitritt des Fabrikanten zu einem Kartell usw., falls der Eintritt einer dieser Fälle die Herstellung oder den Absatz von Baldin-Bohrmaschinen beeinflussen sollte.

§ 17.

Der Vertretungsvertrag erlischt von selber

1. wenn der Fabrikant die Fabrikation von Baldin-Bohrmaschinen einstellt,
2. wenn der Fabrikant sein Unternehmen veräußert.

Die Einstellung der Fabrikation der in § 1 dieses Vertrages genannten Nebenfabrikate hat keinen Einfluß auf den Bestand des Vertretungsvertrages.

§ 18.

Der Vertreter kann in den Fällen des § 16 und des § 17 keinen Schadenersatz beanspruchen, auch nicht mit der Begründung, daß der Fabrikant den Kündigungs- oder Erlöschensfall schuldhaft herbeigeführt habe.

Anm.

Hinsichtlich der Abwicklung laufender Geschäfte bei fristloser Kündigung und vorzeitiger Auflösung des Vertrages vgl. Anm. 3 zu § 5 dieses Vertrages. Im übrigen vgl. § 18 des nachfolgenden Agenturvertrages.

§ 19.

Nebenabreden zu diesem Vertrage sind nicht getroffen.

Änderungen und Ergänzungen dieses Vertrages sind nur dann rechtsverbindlich, wenn sie vom Fabrikanten schriftlich bestätigt worden sind.

§ 20.

Die Stempelkosten dieses Vertrages übernehmen die Parteien je zur Hälfte.

Anm.

Da der Alleinverkaufsvertrag nach überwiegender Auffassung kein Gesellschaftsvertrag ist, unterliegt die Errichtung der Vertragsurkunde nicht der Gesellschaftssteuer des Kapitalverkehrsteuergesetzes. Wegen Auskunft über die von den Ländern erhobenen Stempelgebühren wende man sich an Finanzämter, Handelskammern usw.

§ 21.

Erfüllungsort und Gerichtsstand ist Düsseldorf.

Düsseldorf, den 5. September 1928.
Wilhelm Schlüter.

München, den 10. September 1928.
Walter Müller.

II.

Agenturvertrag ohne Abschlußvollmacht des Vertreters.

Der Vertreter vermittelt als Agent des Fabrikanten den Abschluß von Verkäufen mit Dritten (Händlern oder Verbrauchern).

Vorbemerkung:

Das Agenturverhältnis ist gesetzlich geregelt durch die §§ 84 mit 92 des Handelsgesetzbuches.

In der Praxis kann in manchen Fällen die Feststellung, ob ein Angestelltenverhältnis oder ein Vertragsverhältnis mit einem selbständigen Handelsvertreter (Agenten) vorliegt, Schwierigkeiten machen. Die äußere Form der Vertragsregelung entscheidet nicht. Greift der Vertrag z. B. so in die Bewegungsfreiheit eines nur für eine einzige Firma tätigen Vertreters ein, daß dieser den Weisungen des Geschäftsherrn ganz und gar wie ein Angestellter zu folgen hat, so ist der Vertreter Angestellter, mag auch der Wortlaut des Vertrages das Gegenteil versichern. Jedenfalls kann dem Geschäftsherrn in Zweifelsfällen nicht dringend genug empfohlen werden, alsbald die Stellungnahme des Finanzamtes (Lohnsteuerabzug!) und der Versicherungsbehörden herbeizuführen, um vor möglicherweise sehr unangenehmen Überraschungen z. B. bei Erkrankung des Vertreters gesichert zu sein.*)

---

*) Vgl. aus der Entscheidung des Reichsfinanzhofes vom 5. Okt. 1928 (V A 504/28): Wie der Senat in der Entscheidung vom 27. Januar 1923 — V A 11/23 — (Entsch. des RFH. Bd. 11 S. 265) ausgesprochen hat, spricht die Tatsache, daß ein Vertreter für mehrere Firmen tätig ist, dafür, daß er selbständiger Unternehmer ist, da er keiner der Firmen seine volle Arbeitskraft widmen und regelmäßig keine von ihnen ihm uneingeschränkt und ohne gegenseitigen Widerstreit bindende Weisungen erteilen kann. Unselbständigkeit könnte in einem solchen Falle vielleicht angenommen werden, wenn der Vertreter nach bestimmten Grundsätzen zu verfahren hätte, über die zwischen den verschiedenen Firmen allenthalben Einigung getroffen wäre, so daß widerstreitende Weisungen an den Vertreter nicht vorkommen könnten. Die Tätigkeit des Beschwerdeführers für die drei Firmen ist aber nicht in dieser Weise geregelt, was bei dem

Das Agenturverhältnis berührende Rechtsfragen werden übrigens laufend und ausgezeichnet in der vom Zentralverband Deutscher Handelsvertreter-Vereine in Berlin herausgegebenen „Handelsvertreter-Zeitung" behandelt.

Zwischen dem Fabrikbesitzer Wilhelm Schlüter zu Düsseldorf, Bankstraße 5 — nachstehend kurz Fabrikant genannt — und dem Kaufmann Walter Müller zu München, Weinstraße 8 — nachstehend kurz Vertreter genannt — wird folgender

Vertretungsvertrag (Agenturvertrag)

geschlossen:

§ 1.

Der Fabrikant überträgt dem Vertreter als Alleinvertreter und dieser übernimmt als solcher die Vermittlung von Verkäufen der vom Fabrikanten hergestellten Baldin-Bohrmaschinen nebst den vom Fabrikanten hergestellten Zubehör- und Ersatzteilen für folgendes Vertretungsgebiet:

Bayern südlich der Donau, dazu Ingolstadt, Donauwörth und Deggendorf.

Der Fabrikant wird während der Vertragszeit das Vertretungsgebiet nur durch den Vertreter bearbeiten.

Anm.

Vergleiche die Anmerkungen zu § 1 sowie § 3 des vorhergehenden Alleinverkaufsvertrages.

§ 2.

Der Vertreter ist nicht zum Abschluß von Geschäften berechtigt; vielmehr bedürfen alle Geschäfte ausnahmslos zu ihrer Rechtswirksamkeit der Bestätigung des Fabrikanten.

Umfang der Geschäfte, die der Beschwerdeführer für die drei Firmen wahrzunehmen hat, auch nicht möglich wäre. Es bleibt insbesondere dem Ermessen des Beschwerdeführers überlassen, in welchem Maße er seine Arbeitskraft der einen oder der anderen Firma widmen will. Unter diesen Umständen mußte die Selbständigkeit des Beschwerdeführers angenommen werden, ohne daß es auf die in der Rechtsbeschwerde weiter erörterten Punkte, nämlich eigenes Büro, Lohnabzug und Angestelltenversicherung, die bei Beurteilung der Frage der Selbständigkeit als Anhaltspunkte dienen, aber nicht von ausschlaggebender Bedeutung sein können, noch ankommen konnte.

Anm. 1.

Verwendet der Vertreter, wie vielfach üblich, für die Entgegennahme von Bestellungen an die Adresse des Fabrikanten gerichtete, vom Käufer zu unterzeichnende Bestellzettel, so sollte auf diesen Bestellzetteln stets mit absoluter Deutlichkeit zum Ausdruck kommen, daß der Verkauf erst durch die ausdrückliche Bestätigung des Fabrikanten zum Abschluß kommt. Der Bestellschein könnte z. B. an ins Auge fallender Stelle folgende — deutlich gedruckte — Klausel tragen:

„Der Auftrag gilt als abgelehnt, wenn er nicht spätestens am 14. Tage ab Datum der Auftragserteilung durch ausdrückliche Bestätigung angenommen ist. Bis dahin ist der Besteller an den Auftrag gebunden."

Die Bestellzettel sollten weiter die sehr deutlich gedruckte Klausel tragen, daß mit dem Vertreter getroffene Nebenabreden oder vom Vertreter gemachte Zusicherungen unwirksam sind, wenn sie nicht in die Bestellung schriftlich aufgenommen und vom Fabrikanten bestätigt werden.

Regelmäßig erkennt der Käufer auf dem Bestellzettel schließlich durch seine Unterschrift die — „umstehend gedruckten" — Lieferungsbedingungen des Fabrikanten als verbindlich an.

Alle vorstehend erwähnten Vermerke sollten stets so augenfällig gedruckt sein, daß der Käufer nicht einwenden kann, die Vermerke hätten keine Gültigkeit, da sie nur bei Anwendung ungewöhnlicher Aufmerksamkeit ins Bewußtsein des Bestellers kommen könnten.

Anm. 2.

Schließt der Vertreter vertragswidrig mit einem Käufer im Namen des Fabrikanten ab, so muß der Fabrikant das Geschäft unverzüglich ablehnen, nachdem er von dem Abschluß Kenntnis erlangt hat, widrigenfalls es als angenommen gilt. Die Ablehnung muß dem Dritten gegenüber erklärt werden; Erklärung gegenüber dem Vertreter ist also unwirksam. Gründe für die Ablehnung brauchen nicht angegeben zu werden. Bei rechtzeitiger Ablehnung des Geschäftes durch den Fabrikanten kann sich der Dritte nur an den Vertreter halten.

§ 3.

Der Vertreter ist verpflichtet, das Interesse des Fabrikanten mit der Sorgfalt eines ordentlichen Kaufmanns wahrzunehmen.

Mängelanzeigen und sonstige Erklärungen der Kundschaft, die in rechtlicher oder tatsächlicher Beziehung von Bedeutung sind, unverzüglich weiterzugeben, dem Fabrikanten nur solche Kunden zuzuführen, über deren Bonität er sich zuverlässig unterrichtet hat, und den Fabrikanten sofort zu benachrichtigen, wenn bei einem Kunden Zahlungsschwierigkeiten zu beobachten sind oder erwartet werden.

§ 4.

Der Vertreter verpflichtet sich, während der Vertragsdauer den Absatz von gleichartigen Fabrikaten anderer Herkunft weder unmittelbar noch mittelbar zu unterstützen.

Anm.

Vgl. Anmerkung zu § 9 des Alleinverkaufsvertrages.

§ 5.

Der Vertreter verpflichtet sich für die Dauer eines Jahres von der Auflösung dieses Vertrages an gerechnet weder für ein Unternehmen tätig zu sein, das elektrische Bohrmaschinen herstellt oder vertreibt, noch sich an einem solchen Unternehmen zu beteiligen. Sollte das Vertretungsverhältnis gleichviel aus welchem Grunde vor dem 31. Dezember 1930 aufgelöst werden, so tritt diese Verpflichtung außer Kraft.

Anm. 1.

Überspannung der Konkurrenzklausel kann die Klausel wegen Verstoßes gegen die guten Sitten (§ 138 BGB.) nichtig machen. (Die §§ 74, 75 HGB. — Konkurrenzklausel des Handlungsgehilfen — können auf den Agenturvertrag nicht angewandt werden.)

Anm. 2.

Wegen der Auskunftspflicht des Vertreters vgl. Anm. 3 zu § 1 des Alleinverkaufsvertrages. (Die Verpflichtung zur Auskunftserteilung *während der Dauer des Vertretungsverhältnisses* ergibt sich ohne weiteres aus den §§ 685, 666 BGB.)

§ 6.

Alle von Kunden des Vertretungsgebietes einlaufenden Anfragen werden dem Vertreter unverzüglich bekannt gegeben.

Anm.

Wegen der Auskunftspflicht des Fabrikanten vgl. Anm. 3 zu § 1 des Alleinverkaufsvertrages.

§ 7.

Der Vertreter erhält unverzüglich Copie sämtlicher an die Kundschaft hinausgehenden Schriftstücke, soweit diese nicht nach Wahl des Fabrikanten über den Vertreter geleitet werden. Umgekehrt erhält der Fabrikant Copie sämtlicher vom Vertreter an die Kundschaft gehenden Schriftstücke.

Im besonderen hat der Vertreter Anspruch auf unverzügliche Übermittlung aller Auftragsbestätigungen, Fakturen, sowie aller Gutschriften und Belastungen, gleichviel ob es sich um direkte oder indirekte Geschäfte handelt.

Weitere Auszüge, Aufstellungen usw. kann der Vertreter nicht verlangen.

§ 8.

Die Einziehung von Außenständen ist dem Vertreter nicht gestattet.

Muß der Vertreter unter ganz besonderen Umständen ausstehende Beträge in Empfang nehmen, so hat er die erhaltenen Beträge binnen 24 Stunden dem Fabrikanten ohne jeden Abzug einzusenden, auch wenn mit den Beträgen bereits fällige Forderungen des Vertreters gegen den Fabrikanten ausgeglichen werden könnten.

Anm.

Ein Verstoß des Vertreters bedeutet regelmäßig Untreue (§ 266 StGB.), unter Umständen Unterschlagung (§ 246 StGB.) und Betrug (§ 263 StGB.).

§ 9.

Der Fabrikant stellt dem Vertreter die erforderlichen Muster, Preislisten, normale Drucksachen und dergleichen kostenlos frei Haus des Vertreters zur Verfügung.

Sie sind nach Erlöschen des Vertrages sofort ohne besondere Aufforderung frei Haus des Fabrikanten zurückzusenden.

Anm.

Vgl. § 11 des Alleinverkaufsvertrages.

§ 10.

Der Fabrikant kann den Abschluß von Geschäften nach freiem Ermessen ablehnen und von ihm angenommene Geschäfte, ohne dem Vertreter zu einer Entschädigung verpflichtet zu sein, ganz oder teilweise annullieren, soweit er dem Käufer gegenüber dazu berechtigt ist oder soweit die Annullierung aus beliebigen Gründen im Einverständnis mit dem Käufer erfolgt. Auch ist der Fabrikant berechtigt, mit Rücksicht auf das allgemeine Geschäftsinteresse oder die besondere Lage eines Falles Stundungen und Nachlässe zu bewilligen, gleichviel, ob es sich um gerichtliche oder außergerichtliche Verfahren und Regelungen handelt.

Insoweit die Geschäfte bzw. Forderungen aufrechterhalten werden, bleiben sie zum vollen Provisionssatze provisionspflichtig. Das gilt auch hinsichtlich der Zwangsquoten im Vergleichs- oder Konkursverfahren.

Anm.

Verweigert der Fabrikant dauernd und willkürlich die Annahme von Aufträgen, so setzt er sich der Gefahr aus, gemäß § 615 BGB. auf Zahlung der vereinbarten Provision für die unbegründet abgelehnten Geschäfte und außerdem wegen Schadensersatzes in Anspruch genommen zu werden.

Wegen der Provisionspflicht nicht ausgeführter Geschäfte vgl. § 88 Abs. 2 HGB., an dessen Stelle — wie hier — abweichende Parteivereinbarungen treten können.

§ 11.

Die Provision beträgt . . . . % vom Nettofakturenbetrage aller provisionspflichtigen Geschäfte.

Unter Nettofakturenbetrag ist der Fakturenbetrag abzüglich der Beträge für Verpackung, Fracht, Bonifikationen, Skonti, Nachlässe usw. zu verstehen.

Anm. 1.

Die vielfach, selbst vom Kommentar Staub (Anm. 13 § 88 HGB.) vertretene Auffassung, daß auch die Frachtkosten usw. stets provisionspflichtig seien, sobald sie dem Fabrikanten ersetzt würden, ist in dieser allgemeinen Form unhaltbar. „Die Provision ruht auf der Ware", nicht auch auf den Lieferspesen. Wer sich auf eine von diesem allgemein anerkannten Satze abweichende Sonderregelung beruft, hat die Beweislast. Der Fabrikant tut vielleicht gut, bei Abs. 2 etwa folgenden Zusatz zu machen: „Der Ersatz der Lieferspesen, wie Frachten, Zoll usw., unterwirft sie nicht der Provisionspflicht."

Anm. 2.

Arbeitet der Fabrikant mit auf den Verbraucher zugeschnittenen Listenpreisen und vermittelt der Vertreter Abschlüsse mit Wiederverkäufern wie mit Verbrauchern, so geht man meistens bei Aufstellung des Provisionssatzes vom Listenpreise aus und bewilligt eine bestimmte Provision auf die Listenpreise, jeweilig gekürzt um den dem Wiederverkäufer gewährten Rabatt. Im Zusammenhang damit werden gewöhnlich die auf die Listenpreise zu gewährenden Rabatte vertraglich festgelegt, so daß der Vertreter weiß, welche Unterschiedsbeträge ihm als Provision bleiben. (Gegebenenfalls Anteil an Überpreisen regeln!)

§ 12.

Provisionspflichtig sind alle Geschäfte, die während der Dauer des Vertragsverhältnisses mit Käufern geschlossen werden, die im Vertretungsgebiet ihre Niederlassung haben, gleichviel ob es sich um direkte oder durch den Vertreter vermittelte (indirekte) Geschäfte handelt.

Vor Beendigung des Vertretungsverhältnisses vom Vertreter angebahnte, aber erst nach Beendigung des Verhältnisses abgeschlossene Geschäfte sind zu den Bedingungen dieses Vertrages dann provisionspflichtig, wenn der Abschluß spätestens vier Wochen nach Beendigung des Vertragsverhältnisses zustande kommt. Nachorders d. h. ohne Zutun des Vertreters erfolgende Nachbestellungen vom Vertreter zugeführter Kunden fallen nicht unter diese Vereinbarung, sind also nur provisionspflichtig, wenn die entsprechenden Abschlüsse während der Dauer des Vertretungsverhältnisses erfolgen.

Anm. 1.

Da die Parteien in der Regel unter „im Vertretungsgebiet abgeschlossenen Geschäfte" nicht dasselbe verstehen, empfiehlt sich eine genauere Umschreibung dieses Begriffes, wie oben geschehen.

Anm. 2.

Hinsichtlich der Auskunftspflicht des Fabrikanten insbesondere über die direkten Geschäfte des Fabrikanten, zu denen auch die „Nachorders" gehören, vgl. Anm. 3 zu § 1 des Alleinverkaufsvertrages.

§ 13.

Lieferungen des Fabrikanten an im Vertretungsgebiet belegene Niederlassungen, Betriebsstellen usw. einer außerhalb des Vertretungsgebietes domizilierenden Unternehmung sind zur Hälfte des Nettofakturenbetrages auch dann provisionspflichtig, wenn der rechtsverbindliche Abschluß über die zu liefernden Fabrikate mit der auswärts domizilierenden Unternehmung oder einer ebenfalls auswärts domizilierenden Niederlassung usw. der Unternehmung getätigt wird.

Die gleiche Bestimmung findet Anwendung, wenn ein Kunde, der im Vertretungsgebiet seine Niederlassung hat, ein Geschäft zwecks Lieferung an eine außerhalb des Vertretungsgebietes belegene Niederlassung, sein Stammhaus usw. abschließt.

Ebenso sind nur zur Hälfte provisionspflichtig die Geschäfte, die der Fabrikant mit Kunden des Vertretungsgebietes auf Messen und Ausstellungen abschließt.

Die vorstehenden Bestimmungen gelten sowohl für direkte wie indirekte Geschäfte und sind sinngemäß auf Geschäfte mit öffentlichen Körperschaften und Betrieben anzuwenden.

Anm.

Hinsichtlich der Auskunftspflicht des Fabrikanten vgl. Anm. 3 zu § 1 des Alleinverkaufsvertrages.

§ 14.

Die Provision ist nur zu zahlen nach dem Verhältnis der eingehenden Beträge und nur, soweit die provisionspflichtigen Geschäfte abgewickelt sind. Dabei sind in jedem Falle (auch bei Zahlung von geringen Konkursquoten) die zur Errechnung des Nettofakturenbetrages gemäß § 11 zu berücksichtigenden Fakturenposten, die nicht der Provisionspflicht unterliegen, von der Summe der eingehenden Beträge in voller Höhe abzuziehen.

Die Abrechnung erfolgt kalendervierteljährlich an Hand eines summarischen Buchauszuges innerhalb drei Wochen nach Quartalsschluß unter gleichzeitiger Auszahlung des sich ergebenden Provisionsguthabens. Als abgewickelt gelten auch solche Geschäfte, die bis auf geringfügige Differenzen ausgeglichen sind oder bei denen mit ausreichender Sicherheit feststeht, daß volle Befriedigung nicht oder nicht in absehbarer Zeit erfolgen wird. Der Vertreter behält den Anspruch auf endgültige Abrechnung solcher Geschäfte.

Anm. 1.

Hinsichtlich der Auskunftspflicht des Fabrikanten vgl. Anm. 3 zu § 1 des Alleinverkaufsvertrages.

Anm. 2.

Die Vorlage der Handelsbücher des Fabrikanten kann vom Vertreter nur dann verlangt werden, wenn der Fabrikant bei der Einsendung der Fakturenkopien usw. „durchschnittlich und durchgängig" unzuverlässig gehandelt hat. (Die im § 7 zugestandene Übermittlung der Fakturenkopien usw. macht den im § 91 HGB. vorgesehenen ausführlichen Buchauszug überflüssig.)

Verschweigt der Fabrikant arglistig provisionspflichtige Geschäfte, so setzt er sich der Gefahr strafrechtlicher Verfolgung wegen Betruges aus. Die Geschäftskorrespondenz braucht dem Vertreter niemals vorgelegt zu werden, auch nicht bei Büchervorlage im Prozeß. (Vgl. § 7 dieses Vertrages.)

§ 15.

Für alle dem Vertreter aus dem Betrieb der Vertretung erwachsenden gewöhnlichen und außergewöhnlichen Unkosten kommt der Vertreter selbst auf, also für alle Reisespesen, Porti usw.

Nur soweit außergewöhnliche Unkosten unmittelbar durch Befolgung ausdrücklicher besonderer Weisungen des Fabrikanten entstanden sind, fallen sie dem Fabrikanten zur Last.

Anm.

Die Frage des Spesenersatzes wird selbst innerhalb derselben Geschäftszweige sehr verschieden geregelt. Man verlasse sich deshalb nicht auf „Handelsbräuche".

§ 16.

Die Aufstellung von Unteragenten bedarf in jedem einzelnen Falle der Genehmigung des Fabrikanten.

Anm.

Wenn der Unteragent unmittelbar mit dem Fabrikanten arbeitet, so ist er faktisch und rechtlich nicht Unteragent des „Vertreters" (Hauptagenten), sondern Agent des Fabrikanten, mag auch seine Provision über den Hauptagenten laufen. Im übrigen ist die rechtliche Stellung des wirklichen Unteragenten, also des nicht mit dem Fabrikanten arbeitenden, sehr eigenartiger Natur. Da er keine Geschäfte vermittelt, sondern dem Hauptagenten lediglich die Vermittlung ermöglicht, geht es nicht an, auf das Verhältnis zwischen Hauptagenten und Unteragenten einfach die für den Handelsagenten geltenden Bestimmungen des Handelsgesetzbuchs anzuwenden. Die Bezeichnung Unter-„Agent" ist darnach nicht viel mehr als eine Verlegenheitsbezeichnung. In sehr vielen Fällen ist nicht einmal die Existenz eines Unteragenten dem Fabrikanten bekannt.

§ 17.

Der Vertreter verzichtet allgemein gegenüber Ansprüchen des Fabrikanten aus dem Vertretungsverhältnis auf das Zurückbehaltungsrecht nach § 273 BGB. und § 369 HGB., das Aufrechnungsrecht nach § 387 BGB., sowie auf die Einrede des nicht erfüllten Vertrages.

Anm.

Das Zurückbehaltungsrecht gemäß § 370 HGB. bleibt unberührt.

§ 18.

Dieser Agenturvertrag tritt in Kraft am 1. Oktober 1928 und ist beiderseits unter Einhaltung einer dreimonatigen Kündigungsfrist jeweils zum 30. September eines Jahres kündbar.

Erstmalig kann also der Vertrag zum 30. September 1929 gekündigt werden und zwar spätestens am 30. Juni 1929.

Anm. 1.

Wegen der Bemessung der Kündigungsfristen vgl. Anm. 4 zu § 15 des Alleinverkaufsvertrages.

Anm. 2.

Mangels abweichender Vertragsbestimmungen gilt § 92 HGB. Danach kann der Vertretungsvertrag, wenn er für keine fest bestimmte Zeit geschlossen ist, von jedem Teil für den Schluß eines Kalendervierteljahres unter Einhaltung einer Kündigungsfrist von sechs Wochen gekündigt werden. (Normale, ordentliche Kündigung.) Liegt ein „wichtiger Grund" vor, so kann von jedem Teil ohne Einhaltung einer Kündigungsfrist gekündigt werden. (Sofortige, außerordentliche, fristlose Kündigung.)

Das Recht zur fristlosen Kündigung kann durch vertragliche Sonderabmachungen nicht beschränkt, geschweige außer Kraft gesetzt werden. Einer Erweiterung ist es dagegen insofern fähig, als die Parteien vereinbaren können, daß bei Eintritt gewisser Umstände, die an und für sich keinen wichtigen Grund im Sinne des § 92 Abs. 2 HGB. abgeben würden, das Recht zur sofortigen Aufhebung des Vertrages gegeben sein soll. Die Kündigungsfristen können für beide Teile ungleich sein. Die Ungleichheit darf aber nicht so weit gehen, daß der benachteiligte Teil „geknebelt" wird.

Anm. 3.

Das Recht des Agenturvertrages kennt kein Rücktrittsrecht neben dem Recht zur fristlosen Kündigung. (Wegen der Bedeutung des Rücktritts vgl. Anm. 3 zu § 5 des Alleinverkaufsvertrages.) Soweit in Agenturverträgen das Rücktrittsrecht eingeräumt ist, wird stets darunter das Recht zur fristlosen Kündigung zu verstehen sein.

Anm. 4.

Die vorzeitige Auflösung des Vertrages.

Ein „wichtiger Grund" zur fristlosen Kündigung liegt vor, „wenn nach Lage der Umstände dem einen Teil nicht zuzumuten ist, den Vertrag wider seinen Willen fortzusetzen" (Staub). Wird der wichtige Grund ignoriert, d. h. das Vertragsverhältnis längere Zeit fortgesetzt, so verliert der Kündigungsberechtigte das Recht zur sofortigen Kündigung.

Beispiele:

a) gegen den Fabrikanten.

Unredlichkeiten gegenüber dem Vertreter oder der Kundschaft, dauernde schlechte Lieferungen, dauernde schikanöse Ablehnung von Aufträgen.

b) gegen den Vertreter.

Unzuverlässigkeit des Vertreters, schwere Beleidigung des Fabrikanten, ungewöhnliche Verluste infolge leichtfertiger Auskünfte des Vertreters, Verletzung der Wettbewerbsklausel und der Verschwiegenheitspflicht.

Die Frage, ob Krankheit oder eine sonstige Behinderung einer Vertragspartei einen wichtigen Grund abgibt, ist nach den Umständen des Einzelfalles zu beantworten.

Während der Tod des Fabrikanten im Zweifel das Vertragsverhältnis nicht löst, erlischt es im Zweifel ohne weiteres beim Tod des Agenten.

Der Konkurs des Fabrikanten beendigt das Vertretungsverhältnis. Der Vertreter muß jedoch trotz der automatischen Auflösung des Vertrages Geschäfte, mit deren Aufschub Gefahr verbunden ist, weiter besorgen (§ 23 Konkursordnung). Mit der Konkurseröffnung erlischt jede vom Vertreter anerkannte Konkurrenzklausel.

Der Konkurs des Vertreters löst das Verhältnis nicht automatisch, berechtigt aber den Fabrikanten zur sofortigen Kündigung. Wird das Verhältnis aufrecht erhalten, so fließen die Provisionen für nach Konkurseröffnung abgeschlossene Geschäfte nicht in die Konkursmasse.

Veräußert der Fabrikant sein Unternehmen, ohne durch von ihm nicht zu verantwortende Umständen dazu gezwungen zu sein, so muß er den Vertreter schadlos halten. Eine bloße Umwandlung der Unternehmungsform läßt regelmäßig den Bestand des Vertrages unberührt.

Ohne Einwilligung des Fabrikanten kann der Vertreter die Vertretung nicht „weitergeben", auch nicht im Wege des Geschäftsverkaufs.

Der Beitritt zu Syndikaten usw. berechtigt den Fabrikanten nicht zur sofortigen Kündigung des Vertretungsverhältnisses, es sei denn, daß es sich nachweislich um eine „Existenzfrage" des Fabrikanten handelt. Gegenteilige vertragliche Abmachungen sind grundsätzlich nicht zu beanstanden.

§ 19.

Als wichtige, den Fabrikanten zur fristlosen Kündigung des Vertretungsverhältnisses berechtigende Gründe gelten

die Vereinigung des Fabrikanten mit einem anderen Unternehmen zu einer Interessengemeinschaft usw. sowie der Beitritt des Fabrikanten zu einem Kartell usw., falls der Eintritt einer dieser Fälle die Herstellung oder den Absatz von Baldin-Bohrmaschinen beeinflußt.

§ 20.

Der Vertretungsvertrag erlischt von selber,

1. wenn der Fabrikant die Fabrikation von Baldin-Bohrmaschinen einstellt,

2. wenn der Fabrikant sein Unternehmen veräußert.

Die Einstellung der Fabrikation der in § 1 dieses Vertrages genannten Nebenfabrikate hat keinen Einfluß auf den Bestand des Vertretungsvertrages.

§ 21.

Der Vertreter kann in den Fällen des § 19 und des § 20 keinen Schadenersatz beanspruchen, auch nicht mit der Begründung, daß der Fabrikant den Kündigungs- oder Erlöschensfall schuldhaft herbeigeführt habe.

§ 22.

Nebenabreden zu diesem Vertrage sind nicht getroffen.

Änderungen und Ergänzungen dieses Vertrages sind nur dann rechtsverbindlich, wenn sie vom Fabrikanten schriftlich bestätigt worden sind.

§ 23.

Die Stempelkosten dieses Vertrages übernehmen die Parteien je zur Hälfte.

Anm.

Da der Agenturvertrag nach überwiegender Auffassung kein Gesellschaftsvertrag ist, unterliegt die Errichtung der Vertragsurkunde nicht der Gesellschaftssteuer des Kapitalverkehrssteuergesetzes. Wegen Auskunft über die von den Ländern erhobenen Stempelgebühren wende man sich an Finanzämter, Handelskammern usw.

§ 24.

Erfüllungsort und Gerichtsstand ist Düsseldorf.

Düsseldorf, den 5. September 1928.
Wilhelm Schlüter.

München, den 10. September 1928.
Walter Müller.

III.

Agenturvertrag mit Abschlußvollmacht des Vertreters.

Der Vertreter verkauft an Dritte (Händler oder Verbraucher) im Namen und für Rechnung des Fabrikanten.

Von der Möglichkeit, dem Vertreter für die Dauer des Vertretungsverhältnisses Vollmacht zum Abschluß von Geschäften für Rechnung und im Namen des Fabrikanten zu geben, wird nur mehr in Ausnahmefällen Gebrauch gemacht, da das mit einer solchen Vollmachtserteilung verbundene Risiko gewöhnlich zu groß erscheint und die Schnelligkeit des modernen Nachrichtendienstes heute den Vertreter in den Stand setzt, innerhalb kürzester Frist die Verbindung zwischen dem Kunden und dem Fabrikanten herzustellen oder das Geschäft vorbehaltlich der Bestätigung des Fabrikanten abzuschließen und die Bestätigung ebenfalls innerhalb kürzester Frist einzuholen. Erhalten hat sich infolgedessen die Agentur mit Abschlußvollmacht nur dort, wo die Zeitspanne zwischen Einleitung der Geschäftsverhandlungen und Abschluß nach Lage der Umstände allgemein so kurz bemessen ist, daß, soll das Geschäft nicht scheitern, der Vertreter in der Lage sein muß, den Verkauf im Namen des Fabrikanten vollwirksam abzuschließen. Das ist regelmäßig der Fall bei den sogenannten „Verkäufen ab Konsignationslager" (vgl. V). Hier dem Vertreter die Abschlußvollmacht zu verweigern, hieße den mit der Stellung eines Konsignationslagers verfolgten Zweck von vorneherein illusorisch machen. —

Somit kann auf die nähere Darlegung des Agenturvertrages mit Abschlußvollmacht außerhalb des Konsignationslagergeschäftes verzichtet werden. Hinsichtlich der Regelung im Rahmen des eben genannten Geschäftes ist auf Abschnitt V, Teil B zu verweisen.

IV.

Gekoppelte Vertretungsformen.

Der Vertreter vermittelt im Rahmen des Alleinverkaufsvertrages Verkäufe des Fabrikanten an Dritte.

Der Vertreter kauft im Rahmen des Agenturvertrages vom Fabrikanten auf eigene Rechnung und verkauft weiter an Dritte.

Derartige Vertragskoppelungen sind nicht selten. Es kann dem Fabrikanten in der Regel nur erwünscht sein, wenn der Agent bei kleineren Posten das Geschäft „selber macht" und ihm dadurch eine Reihe unproduktiver Arbeiten abnimmt; andererseits wird der Selbstkäufer-Vertreter häufig zu kapitalsschwach sein, um größere Geschäfte als Eigenhändler abzuwickeln. Muß der Fabrikant mit solchen von der Norm abweichenden Geschäften in nicht nur vereinzelten Fällen rechnen, so sollte er dieser Möglichkeit vorsorglich durch Ausgestaltung des Vertretungsvertrages Rechnung tragen, anstatt umständlich jedesmal dieselben Vereinbarungen von Fall zu Fall zu treffen.

Die Einfügung derartiger Bestimmungen sei es in den Alleinverkaufsvertrag, sei es in den Agenturvertrag bietet keine besonderen Schwierigkeiten.

A.

Der Vertreter vermittelt im Rahmen des Alleinverkaufsvertrages Verkäufe des Fabrikanten an Dritte.

Die nachfolgenden Paragraphen sind an passender Stelle, etwa hinter § 18 des Alleinverkaufsvertrages einzuschieben.

§ 19.

Der Vertreter kann den Vertrieb der in § 1 genannten Fabrikate von Fall zu Fall auch in der Weise besorgen, daß er den Abschluß von Verkäufen vermittelt. Der Fabrikant kann entsprechende Vorschläge des Vertreters nach freiem Ermessen annehmen oder ablehnen.

§ 20.

Für Vermittlungsgeschäfte gelten ein- für allemal folgende Bestimmungen:

I.

Alle Geschäfte bedürfen ausnahmslos zu ihrer Rechtswirksamkeit der Bestätigung des Fabrikanten.

Der Vertreter erhält unverzüglich Kopie aller Auftragsbestätigungen, Fakturen, Belastungen und Gutschriften. Weitere Aufstellungen, Auszüge usw. kann der Vertreter nicht verlangen.

Anm.

Vgl. § 2 und § 7 des Agenturvertrages.

II.

Die Provision beträgt . . .% vom Nettofakturenbetrag aller ausgeführten Geschäfte.

Unter Nettofakturenbetrag ist der Fakturenbetrag abzüglich Verpackung, Fracht, Skonti, Nachlässe usw. zu verstehen.

Anm.

Vgl. § 11 des Agenturvertrages.

III.

Die Provision ist nur zu zahlen nach dem Verhältnis der eingehenden Beträge und nur, soweit die provisionspflichtigen Geschäfte vollständig abgewickelt sind. Dabei sind in jedem Falle (auch bei Zahlung von geringen Konkursquoten) die zur Errechnung des Nettofakturenbetrages gemäß Punkt II zu berücksichtigenden Fakturenposten, die nicht der Provisionspflicht unterliegen, von der Summe der eingehenden Beträge in voller Höhe abzuziehen.

Unter Vorbehalt endgültiger Abrechnung gelten auch solche Geschäfte als abgewickelt, die bis auf geringfügige Differenzen ausgeglichen sind oder bei denen mit ausreichender Sicherheit feststeht, daß volle Deckung nicht oder nicht in absehbarer Zeit erfolgen wird.

Die Abrechnung erfolgt kalendervierteljährlich.

Anm.

Wegen der Auskunftspflicht des Fabrikanten vergl. Anm. 3 zu § 1 des Alleinverkaufsvertrages. Wegen der Abrechnung vgl. § 14 des Agenturvertrages.

IV.

Der Fabrikant kann Geschäfte, ohne dem Vertreter zu einer Entschädigung verpflichtet zu sein, ganz oder teilweise annullieren, soweit er dem Käufer gegenüber dazu berechtigt ist oder soweit die Annullierung aus beliebigen Gründen im Einverständnis mit dem Käufer erfolgt. Auch ist der Fabrikant berechtigt, mit Rücksicht auf das allgemeine Geschäftsinteresse oder die besondere Lage eines Falles Stundungen und Nachlässe zu bewilligen, gleichviel, ob es sich um gerichtliche oder außergerichtliche Verfahren handelt.

Insoweit die Geschäfte bzw. Forderungen aufrecht erhalten werden, bleiben sie zum vollen Provisionssatze provisionspflichtig. Das gilt auch hinsichtlich der Zwangsquoten im Vergleichs- oder Konkursverfahren.

V.

Die Einziehung von Außenständen ist dem Vertreter nicht gestattet.

Muß der Vertreter unter ganz besonderen Umständen ausstehende Beträge in Empfang nehmen, so hat er die erhaltenen Beträge binnen 24 Stunden dem Fabrikanten ohne jeden Abzug einzusenden, auch wenn mit den Beträgen bereits fällige Forderungen des Vertreters gegen den Fabrikanten ausgeglichen werden könnten.

VI.

Vor Vertragsauflösung vom *Vertreter* angebahnte *Geschäfte* sind nur provisionspflichtig, wenn sie innerhalb vier Wochen nach Vertragsauflösung zum Abschluß kommen. (*Nachorders* sind also nicht provisionspflichtig.)

B.

Der Vertreter kauft im Rahmen des Agenturvertrages vom Fabrikanten auf eigene Rechnung und verkauft weiter an Dritte.

Die nachfolgenden Paragraphen sind an passender Stelle des Agenturvertrages, etwa nach § 21 einzuschieben.

§ 22.

Der Vertreter kann mit Einverständnis des Fabrikanten den Vertrieb der in § 1 genannten Fabrikate von Fall zu Fall auch in der Weise besorgen, daß er die Fabrikate auf eigene Rechnung vom Fabrikanten kauft und sie an Dritte weiter verkauft.

Für derartige Geschäfte gelten ein- für allemal die nachstehenden Bestimmungen:

I.

Die käufliche Übernahme der Fabrikate erfolgt zu den jeweils üblichen Lieferungs-(Verkaufs-)Bedingungen des Fabrikanten. Die derzeit geltenden Bedingungen sind dem Vertrage als Anlage*) beigefügt.

Anm.

Vgl. § 4 des Alleinverkaufsvertrages.

II.

Der Weitervertrieb durch den Vertreter erfolgt zu den jeweils vom Fabrikanten vorgeschriebenen Endpreisen (Ladenpreisen, Bruttoverkaufspreisen) und sonstigen Bedingungen.

Die derzeit geltenden Preise und Bedingungen sind dem Vertrage als Anlage*) beigefügt.

Verkäufe zu anderen Preisen und Bedingungen als den vorgeschriebenen sind nicht statthaft, gleichviel, ob die vom Vertreter auf Grund dieses Vertrages gekauften Fabrikate vom Vertreter während der Dauer des Vertretungsverhältnisses oder nach seiner Beendigung verkauft werden.

---

*) Fehlen, da nur in konkreten Fällen von Interesse.

Anm.

Vgl. § 6 des Alleinverkaufsvertrages.

III.

Bei vorzeitiger Auflösung des Agenturvertrages z. B. infolge fristloser Kündigung bleiben die Parteien an bereits abgeschlossene Geschäfte gebunden.

Anm.

Vgl. Anm. 2 zu § 5 des Alleinverkaufsvertrages.

§ 23.

Der Vertreter darf die Ware nur an Kunden weiterverkaufen, die im Vertretungsgebiet ihre Niederlassung haben.

Anm.

Vgl. §§ 2 und 3 des Alleinverkaufsvertrages.

V.

Konsignationslagerverträge.

A.

Der Vertreter entnimmt als „Selbstkäufer" Ware vom Konsignationslager, d. h. er verkauft im Namen des Fabrikanten die Ware an sich selber. (Die Ware wird dem Vertreter fakturiert.)

Zwischen dem Fabrikbesitzer Wilhelm Schlüter zu Düsseldorf, Bankstraße 5 — nachstehend kurz Fabrikant genannt — und dem Kaufmann Walter Müller zu München, Weinstraße 8 — nachstehend kurz Vertreter genannt — wird in Ergänzung des unter dem 5./10. September 1928 abgeschlossenen Vertretungsvertrages (Alleinverkaufsvertrages) folgendes

Konsignationslagerabkommen

geschlossen:

§ 1.

Der Fabrikant übernimmt keine Verpflichtung zur Stellung von Konsignationsware.

Anm.

Zur Verpflichtung des Vertreters, dem Fabrikanten die Errichtung eines Konsignationslagers zu ermöglichen, bedarf es besonderer vertraglicher Abmachungen. Gegebenenfalls wird zu unterscheiden sein zwischen Konsignationsware, deren Stellung vom Vertreter gewünscht wurde, und solcher, deren Stellung auf der Initiative des Fabrikanten beruht. Selbstverständlich wird der Vertreter hinsichtlich der von ihm nicht gewünschten Konsignationsware erheblich freier gestellt werden, z. B. was die Versicherungspflicht, das Risiko für Beschädigungen, die Übernahmepflicht anlangt.

§ 2.

Soweit der Fabrikant während der Dauer des Vertretungsverhältnisses dem Vertreter auf dessen Wunsch Fabrikate in Konsignation geben sollte, gelten neben den Bestimmungen des Vertretungsvertrages die in den folgenden Paragraphen niedergelegten Bestimmungen.

§ 3.

Die Konsignationsware wird vom Vertreter in dessen Geschäftsräumen, München, Weinstraße 8, gelagert.

Die Einlagerung an anderer Stelle innerhalb oder außerhalb Münchens bedarf der schriftlichen Einwilligung des Fabrikanten. Bei Verstoß ist für jeden Fall der Zuwiderhandlung eine sofort fällige Vertragsstrafe von 500 Reichsmark verwirkt. Außerdem ist der Fabrikant berechtigt, die vertragswidrig eingelagerte Konsignationsware dem Vertreter zu den im Zeitpunkte der Feststellung der Verletzung geltenden Preisen und sonstigen Bedingungen als entnommen in Rechnung zu stellen und sofortige Zahlung zu verlangen.

Konsignationsware, die nicht innerhalb der vereinbarten Versandfrist und unter Verletzung wesentlicher Versandbedingungen versandt wird, braucht vom Vertreter nicht als Konsignationsware angenommen zu werden. Sie ist jedoch einstweilen vom Vertreter sachgemäß in dessen Geschäftsräumen auf Kosten und Gefahr des Fabrikanten einzulagern und zur Verfügung zu halten.

§ 4.

Die Konsignationsware ist gesondert und sachgemäß, insbesondere trocken zu lagern und als Eigentum des Fabrikanten deutlich kenntlich zu machen. Es liegt im Interesse des Vertreters, auch die Verpackung im Hinblick auf § 13 des Konsignationslagerabkommens sorgfältig aufzubewahren.

Der Vertreter verpflichtet sich, die Konsignationsware auf seine Kosten gegen Feuer, Einbruch und alle Gefahren, für die der Fabrikant einen Versicherungsschutz für notwendig halten sollte, bei dem Fabrikanten genehmen Versicherungsgesellschaften voll zu versichern. Die Rechte aus den Versicherungsverträgen sind dem Fabrikanten abzutreten.

Der Vertreter übernimmt das volle Risiko auch zufälliger Beschädigungen und Verluste an Konsignationsware.

Bei Pfändungen von Konsignationsware hat der Vertreter sofort auf seine Kosten telegraphische Mitteilung zu machen und diese Mitteilung sofort durch Einsendung der zur Erhebung der Interventionsklage erforderlichen Unterlagen zu ergänzen.

Anm.

Der Vertreter haftet bei Lagerung und Rückgabe mangels abweichender Abmachungen nur für Verschulden (Fahrlässigkeit und Vorsatz, § 276 BGB.).

§ 5.

Der Vertreter verpflichtet sich, jeweils zum Schluß eines Kalendervierteljahres den Bestand an Konsignationsware aufzunehmen und ein genau spezifiziertes Bestandsverzeichnis unter Benützung der vom Fabrikanten zur Verfügung gestellten Formulare einzureichen. Die Bestandsverzeichnisse müssen spätestens am 15. Januar, 15. April usf. im Besitz des Fabrikanten sein und können nicht durch Bezugnahme auf frühere Bestands- und Verkaufsmeldungen ersetzt werden.

Sind die Bestandsverzeichnisse nicht zu den vorgeschriebenen Terminen im Besitz des Fabrikanten, so ist der Fabrikant innerhalb einer Ausschlußfrist von 14 Tagen berechtigt, die gesamte als noch nicht entnommen gemeldete Konsignationsware zu den am 31. Dezember usf. geltenden Preisen und sonstigen Bedingungen als entnommen in Rechnung zu stellen, auch wenn das Bestandsverzeichnis nachträglich eingeht.

Fehlstücke, d. h. Konsignationswaren, die weder als entnommen gemeldet noch im Bestandsverzeichnis enthalten sind, können vom Fabrikanten als am 31. Dezember usf. entnommen in Rechnung gestellt werden, auch wenn sie nachträglich wieder als vorhanden gemeldet werden.

Weitergehende Schadensersatzansprüche des Fabrikanten bleiben unberührt.

§ 6.

Der Fabrikant hat das Recht, das Konsignationslager jederzeit durch seine Reisenden oder andere beliebige Bevollmächtigte prüfen zu lassen. Den Bevollmächtigten sind außer dem Lagerbuch oder der Lagerkartei auf Verlangen die Kopien sämtlicher Lagerentnahmemeldungen vorzulegen.

Bei der Prüfung festgestellte Fehlstücke gelten stets als am letzten Tage des vorhergehenden Kalendervierteljahres entnommen und sind sofort zu bezahlen.

§ 7.

Der Vertreter verpflichtet sich, eine übersichtliche Lagerkartei oder ein Lagerbuch zu führen, in denen für jeden Posten die Daten des Zu- und Abgangs enthalten sein müssen. Der Fabrikant kann verlangen, daß von ihm zur Verfügung gestellte Karteiformulare oder Lagerbücher benützt werden.

§ 8.

Alle Lagerhaltungsspesen sowie sonstige mit dem Konsignationslagergeschäft verbundene gewöhnliche und außergewöhnliche Spesen des Vertreters gehen zu Lasten des Vertreters.

§ 9.

Die Zusendung der Konsignationsware erfolgt frei Waggon Düsseldorf.

Sobald die Konsignationsware das Fabrikgrundstück des Fabrikanten verlassen hat, geht die Gefahr der Versendung unbeschränkt auf den Vertreter über.

Über jede Konsignationssendung wird eine Konsignationsfaktura, datiert vom Tage des Versandes, ausgestellt.

Der Vertreter besitzt keinen Anspruch auf Rücknahme der Konsignationsware, vielmehr kann nicht verkaufte Konsignationsware dem Vertreter sechs Monate ab Datum der Konsignationsfaktura als am letzten Tage der Frist entnommen in Rechnung gestellt werden. Statt der Übernahme kann der Fabrikant die Rücksendung der Konsignationsware frei Fabrik des Fabrikanten verlangen, wobei der Vertreter die Gefahr der Versendung einschließlich der Übergabe in den Fabrikräumen des Fabrikanten trägt.

§ 10.

Der Vertreter prüft die Konsignationsware sofort sachgemäß nach Eingang auf dem Lager. Etwaige Beanstandungen, deren Beseitigung der Vertreter gemäß der Gewährleistungsklausel der nach § 4 des Vertretungsvertrages (Alleinverkaufsvertrages) maßgebenden Lieferungsbedingungen verlangen kann, müssen spätestens 8 Tage nach Eingang erhoben werden.

Der Eingang der Konsignationsware ist unabhängig von einer Beanstandung vom Vertreter sofort unter Benützung der vom Fabrikanten zur Verfügung gestellten Eingangsscheine zu melden.

§ 11.

Der Vertreter ist auf Ruf und Widerruf berechtigt, Konsignationsware zum Zwecke des Vertriebs käuflich vom Lager in der Weise zu entnehmen, daß er als Vertreter des Fabrikanten mit sich selber abschließt. Die Kaufabschlüsse erfolgen ein- für allemal zu den in § 4 des Vertretungsvertrages (Alleinverkaufsvertrages) niedergelegten Bedingungen. Alle Rechnungen werden auf den Tag der Entnahme datiert.

Alle Entnahmen sind am Tage der Entnahme dem Fabrikanten zu melden, unter Angabe der Type, der Fabriknummern usw. Dabei hat der Vertreter die vom Fabrikanten zur Verfügung gestellten Meldeformulare zu benützen. Das Recht zur Entnahme erlischt ohne besondere Erklärung des Fabrikanten von selber mit der Auflösung des Vertretungsvertrages.

§ 12.

Zum Umtausch von Konsignationsware bedarf der Vertreter der schriftlichen Einwilligung des Fabrikanten.

Leihweise Abgabe von Konsignationsware ist nicht erlaubt.

Bei Abgabe auf Probe, deren Kosten dem Vertreter zur Last fallen, übernimmt der Vertreter das volle Risiko auch zufälliger Beschädigungen und Verluste. Die Bedingungen, unter denen die Konsignationsware auf Probe abgegeben wird, sind schriftlich mit dem Kunden zu vereinbaren. Dabei hat der Vertreter zur Bedingung zu machen, daß die Ware während der Probezeit jederzeit zur Verfügung des Vertreters bzw. des Fabrikanten steht. Kopie der Abmachungen ist dem Fabrikanten sofort einzureichen unter Angabe der Type, der Fabriknummer usw. der Konsignationsware.

Konsignationsware darf nur an Verbraucher, nicht an Händler zur Probe abgegeben werden.

Verstöße gegen die vorstehenden Bestimmungen berechtigen den Fabrikanten, die zur Leihe oder Probe abgegebene Konsignationsware als vom Vertreter entnommen und als sofort zahlbar zu berechnen.

§ 13.

Der Fabrikant kann jederzeit Konsignationsware abrufen. Der Vertreter ist verpflichtet, die abgerufene Ware sachgemäß verpackt an die vom Fabrikanten genannte Stelle unter Beachtung der vom Fabrikanten erteilten Versandvorschriften, insbesondere zu der gewünschten Zeit, auf den Weg zu bringen. Die Kosten des Packens, der Verpackung und des Aufladens, wie der Übergabe an den Spediteur oder sonstige Übernahmepersonen werden vom Vertreter getragen.

Verfügt der Fabrikant vor Ablauf der im § 9 Abs. IV festgesetzten Frist von sechs Monaten über Konsignationsware, so sind dem Vertreter die reinen Auslagen zu ersetzen, die er nachweislich für Frachten und Anfuhr der abgerufenen Ware gelegentlich der Zusendung gehabt hat. Bei Verfügung nach Ablauf der Frist werden diese Auslagen nicht ersetzt.

§ 14.

Wird der Vertretungsvertrag infolge Verschuldens des Vertreters vorzeitig gelöst, so hat der Fabrikant das Recht, entweder die gesamte Konsignationsware als am Auflösungstage entnommen und als sofort zahlbar in Rechnung zu stellen oder deren sofortige Rücksendung frei Fabrik des Fabrikanten zu verlangen, wobei der Vertreter die Gefahr der Versendung einschließlich Übergabe in der Fabrik des Fabrikanten trägt und keinen Anspruch auf Ersatz irgendwelcher Auslagen und Kosten hat.

Wird der Vertretungsvertrag infolge Verschuldens des Fabrikanten vorzeitig gelöst, so kann der Vertreter entweder die bei Auflösung noch nicht entnommene Konsignationsware zur Verfügung stellen oder deren käufliche Überlassung zu den am Auflösungstage geltenden Preisen und Bedingungen (§ 4 des Vertretungsvertrages) fordern. Der Bestand kann jedoch nur als Ganzes übernommen oder zur Verfügung gestellt werden. Entscheidet sich der Vertreter für die Zurverfügungstellung, so kann er Ersatz sämtlicher reinen Auslagen für Zusendung der Konsignationsware beanspruchen.

Bei vorzeitiger Auflösung des Vertretungsvertrages aus beliebigen anderen als den in Abs. I und II genannten Gründen kann der Fabrikant die sofortige Übernahme des Konsignationsbestandes zu den am Tage der Auflösung geltenden Preisen und sonstigen Bedingungen verlangen, wobei die Ware sechs Monate ab Datum der Konsignationsfaktura zahlbar ist. Dasselbe gilt, wenn der Vertretungsvertrag von irgendeiner Seite unter Einhaltung der vertragsmäßigen Kündigungsfrist gekündigt wird, mit der Maßgabe, daß der Tag der Kündigung an die Stelle des Auflösungstages tritt.

§ 15.

Nebenabreden sind nicht getroffen worden.

§ 16.

Die Stempelkosten dieses Nebenabkommens, das einen Bestandteil des Vertretungsvertrages vom 5./10. September 1928 bildet, tragen die Vertragsparteien je zur Hälfte.

Anm.

Vgl. § 20 des Alleinverkaufsvertrages.

Düsseldorf, den 1. Oktober 1928. München, den 4. Oktober 1928.
Wilhelm Schlüter. Walter Müller.

B.

Der Vertreter verkauft als Agent mit Abschlußvollmacht Konsignationsware an Dritte im Namen und für Rechnung des Fabrikanten. (Die Ware wird dem Dritten fakturiert.)

Zwischen dem Fabrikbesitzer Wilhelm Schlüter zu Düsseldorf, Bankstraße 5 — nachstehend kurz Fabrikant genannt — und dem Kaufmann Walter Müller zu München, Weinstraße 8 — nachstehend kurz Vertreter genannt — wird in Ergänzung des unter dem 5./10. September 1928 abgeschlossenen Vertretungsvertrages (Agenturvertrages) folgendes

Konsignationslagerabkommen

geschlossen:

§ 1.

Der Fabrikant übernimmt keine Verpflichtung zur Stellung von Konsignationsware.

Anm.

Vgl. § 1 des Konsignationslagerabkommens A (Seite 43).

§ 2.

Soweit der Fabrikant während der Dauer des Vertretungsverhältnisses dem Vertreter auf dessen Wunsch Fabrikate in Konsignation geben sollte, gelten neben den Bestimmungen des Vertretungsvertrages die in den folgenden Paragraphen niedergelegten Bestimmungen.

§ 3.

Die Konsignationsware wird vom Vertreter in dessen Geschäftsräumen, München, Weinstraße 8, gelagert.

Die Einlagerung an anderer Stelle innerhalb oder außerhalb Münchens bedarf der schriftlichen Einwilligung des Fabrikanten. Bei Verstoß ist für jeden Fall der Zuwiderhandlung eine sofort fällige Vertragsstrafe von 500 Reichsmark verwirkt. Außerdem ist der Fabrikant berechtigt, die vertragswidrig eingelagerte Konsignationsware dem Vertreter zu den im Zeitpunkte der Feststellung der Verletzung geltenden Preisen und sonstigen Lieferungsbedingungen des Fabrikanten als gekauft in Rechnung zu stellen und sofortige Zahlung zu verlangen.

Konsignationsware, die nicht innerhalb der vereinbarten Versandfrist und unter Verletzung wesentlicher Versandbedingungen versandt wird, braucht vom Vertreter nicht als Konsignationsware angenommen zu werden. Sie ist jedoch einstweilen vom Vertreter sachgemäß in dessen Geschäftsräumen auf Kosten und Gefahr des Fabrikanten einzulagern und zur Verfügung zu halten.

§ 4.

Die Konsignationsware ist gesondert und sachgemäß, insbesondere trocken zu lagern und als Eigentum des Fabrikanten deutlich kenntlich zu machen. Es liegt im Interesse des Vertreters, auch die Verpackung im Hinblick auf § 17 des Konsignationslagerabkommens sorgfältig aufzubewahren.

Der Vertreter verpflichtet sich, die Konsignationsware auf seine Kosten gegen Feuer, Einbruch und alle Gefahren, für die der Fabrikant einen Versicherungsschutz für notwendig halten sollte, bei dem Fabrikanten genehmen Versicherungsgesellschaften voll zu versichern. Die Rechte aus den Versicherungsverträgen sind dem Fabrikanten abzutreten.

Der Vertreter übernimmt das volle Risiko auch zufälliger Beschädigungen und Verluste an Konsignationsware.

Bei Pfändungen der Konsignationsware hat der Vertreter sofort auf seine Kosten telegraphische Mitteilung zu machen und diese Mitteilung sofort durch Einsendung der zur Erhebung der Interventionsklage erforderlichen Unterlagen zu ergänzen.

Anm.

Der Vertreter haftet bei Lagerung und Rückgabe mangels abweichender Abmachungen nur für Verschulden (Fahrlässigkeit und Vorsatz, § 276 BGB.).

§ 5.

Der Vertreter verpflichtet sich, jeweils zum Schluß eines Kalendervierteljahres den Bestand an Konsignationsware aufzunehmen und ein genau spezifiziertes Bestandsverzeichnis unter Benützung der vom Fabrikanten zur Verfügung gestellten Formulare einzureichen. Die Bestandsverzeichnisse müssen spätestens am 15. Januar, 15. April usf. im Besitz des Fabrikanten sein und können nicht durch Bezugnahme auf frühere Bestands- und Verkaufsmeldungen ersetzt werden.

Sind die Bestandsverzeichnisse nicht zu den vorgeschriebenen Terminen im Besitz des Fabrikanten, so ist der Fabrikant innerhalb einer Ausschlußfrist von 8 Tagen berechtigt, die gesamte, als noch nicht verkauft gemeldete Konsignationsware zu den am 31. Dezember usf. geltenden Preisen und sonstigen Bedingungen als gekauft in Rechnung zu stellen, auch wenn das Bestandsverzeichnis nachträglich eingeht.

Fehlstücke, d. h. Konsignationswaren, die weder als verkauft gemeldet noch im Bestandsverzeichnis enthalten sind, können vom Fabrikanten als am 31. Dezember usf. vom Vertreter gekauft in Rechnung gestellt werden, auch wenn sie nachträglich wieder als vorhanden gemeldet werden.

Weitergehende Schadenersatzansprüche des Fabrikanten bleiben unberührt.

§ 6.

Der Fabrikant hat das Recht, das Konsignationslager jederzeit durch seine Reisenden oder andere beliebige Bevollmächtigte prüfen zu lassen. Den Bevollmächtigten sind außer dem Lagerbuch oder der Lagerkartei auf Verlangen die Kopien sämtlicher Lagerverkaufsmeldungen vorzulegen.

Bei der Prüfung festgestellte Fehlstücke gelten stets als am letzten Tage des vorhergehenden Kalendervierteljahres vom Vertreter gekauft.

§ 7.

Der Vertreter verpflichtet sich, eine übersichtliche Lagerkartei oder ein Lagerbuch zu führen, in denen für jeden Posten die Daten des Zu- oder Abgangs enthalten sein müssen. Der Fabrikant kann verlangen, daß von ihm zur Verfügung gestellte Karteiformulare oder Lagerbücher benützt werden.

§ 8.

Alle Lagerhaltungsspesen sowie sonstige mit dem Konsignationslagergeschäft verbundene gewöhnliche und außergewöhnliche Spesen des Vertreters gehen zu Lasten des Vertreters.

§ 9.

Die Zusendung der Konsignationsware erfolgt frei Waggon Düsseldorf.

Sobald die Konsignationsware das Fabrikgrundstück des Fabrikanten verlassen hat, geht die Gefahr der Versendung unbeschränkt auf den Vertreter über.

Über jede Konsignationssendung wird eine Konsignationsfaktura, datiert vom Tage des Versandes, ausgestellt.

Der Vertreter ist auf Verlangen des Fabrikanten verpflichtet, nicht verkaufte Konsignationsware sechs Monate ab Datum der Konsignationsfaktura käuflich zu übernehmen. Statt der Übernahme kann der Fabrikant die Rücksendung der Konsignationsware frei Fabrik des Fabrikanten verlangen, wobei der Vertreter die Gefahr des Versandes einschließlich der Übergabe in den Fabrikräumen des Fabrikanten trägt.

Soweit der Vertreter Konsignationsware käuflich zu übernehmen hat oder übernimmt, erfolgt die Übernahme zu den nach § 11 dieses Konsignationslagerabkommens anzuwendenden Lieferungsbedingungen.

§ 10.

Der Vertreter prüft die Konsignationsware sofort sachgemäß nach Eingang auf dem Lager. Etwaige Beanstandungen, deren Beseitigung der Vertreter gemäß der Gewährleistungsklausel der nach § 11 Abs. 2 dieses Konsignationslagerabkommens anzuwendenden Lieferungsbedingungen verlangen kann, müssen spätestens 8 Tage nach Eingang erhoben werden.

Der Eingang der Konsignationsware ist unabhängig von einer Beanstandung vom Vertreter sofort unter Benützung der vom Fabrikanten zur Verfügung gestellten Eingangsscheine zu melden.

§ 11.

Der Vertreter ist auf Ruf und Widerruf berechtigt, Konsignationsware im Namen und für Rechnung des Fabrikanten zu verkaufen. Dieses Recht erlischt ohne besondere Erklärung des Fabrikanten von selber mit der Auflösung des Vertretungsvertrages.

Die Verkäufe mit Einschluß der Kassaverkäufe dürfen nur zu den vom Fabrikanten vorgeschriebenen Lieferungs- (Verkaufs-) Bedingungen und Preisen erfolgen, unter Benützung der vom Fabrikanten zur Verfügung gestellten Formulare (Lagerverkaufsformulare).

Die Abschlußbriefe bzw. Bestätigungen müssen die genaue Adresse des Käufers neben den sonstigen notwendigen Angaben enthalten.

Die derzeit geltenden Verkaufsbedingungen und Preise sind dem Vertrag als Anlage*) beigefügt.

Bei Verkäufen auf Ziel darf der Vertreter nur bis zu 30 Tagen Ziel ab Datum der Faktura gewähren.

*) Fehlen, da nur in konkreten Fällen von Interesse.

§ 12.

Der Vertreter verpflichtet sich, die Ware nur an Kunden zu verkaufen, die im Vertretungsgebiet ihre Niederlassung haben.

Anm.

Vgl. § 2 des Alleinverkaufsvertrages.

§ 13.

Der Vertreter verpflichtet sich, von jedem Lagerverkauf sofort Meldung durch Einsendung der Lagerverkaufskopie zu erstatten.

§ 14.

Bei Verkäufen auf Ziel ist der Vertreter nach § 8 des Agenturvertrages zum Inkasso nicht berechtigt.

Nach Kassaverkäufen hat der Vertreter die Kaufbeträge innerhalb 24 Stunden dem Fabrikanten einzusenden, wobei er berechtigt ist . . . . . % der eingenommenen Beträge à conto der Provisionsabrechnung in Abzug zu bringen. Zu größeren Abzügen ist er auch dann nicht berechtigt, wenn mit den Abzügen bereits fällige Forderungen des Vertreters gegen den Fabrikanten ausgeglichen werden könnten.

§ 15.

Der Vertreter übernimmt für alle Verkäufe ab Konsignationslager die selbstschuldnerische Bürgschaft unter Verzicht auf die Einrede der Vorausklage.

§ 16.

Zum Umtausch von Konsignationsware bedarf der Vertreter der schriftlichen Einwilligung des Fabrikanten.

Leihweise Abgabe von Konsignationsware ist nicht erlaubt.

Bei Abgabe auf Probe, deren Kosten dem Vertreter zur Last fallen, übernimmt der Vertreter das volle Risiko auch zufälliger Beschädigungen und Verluste. Die Bedingungen, unter denen die Konsignationsware auf Probe abgegeben wird, sind schriftlich mit dem Kunden zu vereinbaren. Dabei hat der Vertreter zur

Bedingung zu machen, daß die Ware während der Probezeit jederzeit zur Verfügung des Vertreters bzw. Fabrikanten steht. Kopie der Abmachungen ist dem Fabrikanten sofort einzureichen unter Angabe der Type, der Fabriknummer usw. der Konsignationsware.

Konsignationsware darf nur an Verbraucher, nicht an Händler zur Probe gestellt werden.

Verstöße gegen die vorstehenden Bestimmungen berechtigen den Fabrikanten, die zur Leihe oder Probe abgegebene Konsignationsware als vom Vertreter gekauft und als sofort zahlbar zu berechnen.

§ 17.

Der Fabrikant kann jederzeit Konsignationsware abrufen. Der Vertreter ist verpflichtet, die abgerufene Ware sachgemäß verpackt an die vom Fabrikanten genannte Stelle unter Beachtung der vom Fabrikanten erteilten Versandvorschriften, insbesondere zu der gewünschten Zeit auf den Weg bringen. Die Kosten des Packens, der Verpackung und des Aufladens wie der Übergabe an den Spediteur oder sonstige Übernahmepersonen werden vom Vertreter getragen.

Verfügt der Fabrikant vor Ablauf der im § 9 Abs. 4 festgesetzten Frist von sechs Monaten über Konsignationsware, so sind dem Vertreter die reinen Auslagen zu ersetzen, die er nachweislich für Frachten und Anfuhr der abgerufenen Ware gelegentlich der Zusendung gehabt hat. Bei Verfügung nach Ablauf der Frist werden diese Auslagen nicht ersetzt.

§ 18.

Wird der Vertretungsvertrag infolge Verschuldens des Vertreters vorzeitig gelöst, so hat der Fabrikant das Recht, entweder die gesamte Konsignationsware als vom Vertreter am Auflösungstage zu den vertragsmäßigen Bedingungen (§ 11) gekauft und als sofort zahlbar in Rechnung zu stellen oder deren sofortige Rücksendung frei Fabrik des Fabrikanten zu verlangen, wobei der Vertreter die Gefahr der Versendung einschließlich der Übergabe in der Fabrik des Fabrikanten trägt und keinen Anspruch auf Ersatz irgendwelcher Auslagen und Kosten hat.

Wird der Vertretungsvertrag infolge Verschuldens des Fabrikanten vorzeitig gelöst, so kann der Vertreter entweder die bei Auflösung noch nicht entnommene Konsignationsware zur Verfügung stellen oder deren käufliche Überlassung zu den am Auflösungstage geltenden Preisen und Bedingungen fordern. Der Bestand kann jedoch nur als Ganzes übernommen oder zur Verfügung gestellt werden. Entscheidet sich der Vertreter für die Zurverfügungstellung, so kann er Ersatz sämtlicher reinen Auslagen für Zusendung und Zurverfügungstellung der Konsignationsware beanspruchen.

Bei vorzeitiger Auflösung des Vertretungsvertrages aus beliebigen anderen als den in Abs. 1 und 2 genannten Gründen kann der Fabrikant die sofortige Übernahme des Konsignationsbestandes zu den am Tage der Auflösung geltenden Preisen und sonstigen Bedingungen verlangen, wobei die Ware sechs Monate ab Datum der Konsignationsfaktura zahlbar ist. Dasselbe gilt, wenn der Vertretungsvertrag von irgendeiner Seite unter Einhaltung der vertragsmäßigen Kündigungsfrist gekündigt wird, mit der Maßgabe, daß der Tag der Kündigung an die Stelle des Auflösungstages tritt.

§ 19.

Nebenabreden sind nicht getroffen worden.

§ 20.

Die Stempelkosten dieses Nebenabkommens, das einen Bestandteil des Vertretungsvertrages vom 5./10. September 1928 bildet, tragen die Vertragsparteien je zur Hälfte.

Anm.

Vgl. § 20 des Alleinverkaufsvertrages.

Düsseldorf, den 1. Oktober 1928.
Wilhelm Schlüter.

München, den 4. Oktober 1928.
Walter Müller.

FSC
www.fsc.org
MIX
Papier | Fördert
gute Waldnutzung
FSC® C083411

Kolibri 360 GmbH
Ferdinand-Jühlke-Straße 7
99095 Erfurt, Deutschland
produktsicherheit@kolibri360.de